REUNIÕES MEDIÚNICAS

TEORIA E PRÁTICA

Direitos de publicação cedidos pelo autor ao
Instituto Lachâtre
Rua Dom Bosco, 44, Mooca – CEP 03105-020
São Paulo – SP
Telefone: 11 2277-1747
Site: www.lachatre.org.br
E-mail: editora@lachatre.org.br

Capa
Andrei Polessi

3ª edição – Fevereiro de 2020
Do 5.001° ao 7.000° exemplar

Impresso no Brasil
Presita en Brazilo

CIP-Brasil. Catalogação na fonte
Sindicato Nacional dos Editores de Livros, RJ

Palhano Júnior, Lamartine, 1946-2000.

Reuniões mediúnicas - teoria e prática: a propósito das orientações de Allan Kardec a respeito das atividades mediúnicas nas instituições espíritas. / L. Palhano Jr. – 3ª edição. São Paulo, SP: Instituto Lachâtre, 2020.

192p.

1. Espiritismo. 2. Reuniões mediúnicas. 3. Pesquisa medianímica. 4. Mediunidade aplicada. 5. Meditação. I. Palhano Júnior, Lamartine. II. Denin, Léon [espírito]. III. Título.

CDD 133.9 CDU 133.7

L. PALHANO JR.

REUNIÕES MEDIÚNICAS
TEORIA E PRÁTICA

A propósito das orientações
de ALLAN KARDEC,
a respeito das
atividades mediúnicas
nas Instituições Espíritas.

"As reuniões espíritas oferecem valiosas vantagens, por permitirem que os que nelas tomam parte se esclareçam, mediante a permuta das ideias, pelas questões e observações que se façam, das quais todos aproveitam."

Allan Kardec
O Livro dos Médiuns
Capítulo XXIX nº 324.

Estudos realizados nas reuniões e a partir dos dados obtidos no Laboratório de Pesquisas Medianímicas do Círculo de Pesquisa Espírita (CIPES), Vitória-ES, 1998.

SUMÁRIO

MEDIUNIDADE APLICADA, 7

PREFÁCIO, 11

INTRODUÇÃO, 15

1ª PARTE – TEORIA, 19

Uniformidade doutrinária, 21
Constituição dos grupos, 23
Os componentes dos grupos I, 25
Os componentes dos grupos II, 29
Unidade de princípios, 31
Ordem e regularidade, 33
Seriedade dos trabalhadores, 37
Método de trabalho, 39
Escassez de médiuns, 43
Os bons médiuns, 45
Homogeneidade e harmonia, 47
Instrutores espirituais, 49
Comunhão de pensamentos I, 51
Comunhão de pensamentos II, 55
A prece nas reuniões, 57
O verdadeiro recolhimento, 59
O todo coletivo, 61
Leitura preparatória, 63
Prece inicial, 65
Preces durante as reuniões, 67
Prece final, 69
Variedade das reuniões, 71

Avaliação dos procedimentos, 75
Educação mediúnica, 77
Aptidões medianímicas, 81

2ª PARTE – PRÁTICA, 83
Protocolo de pesquisa, 85
Definição da necessidade de auxílio medianímico, 103
Laudos espíritas, 111
Apoio e sustentação espiritual às tarefas do grupo, 117
'Campo psíquico' na internet, 125

CONCLUSÃO, 137

SEPARATAS, 141
Organização do espiritismo, 143
Orientação do espiritismo, 165
Comentários finais, 173

REFERÊNCIAS, 181

MEDIUNIDADE APLICADA

O espírito humano, como ser imortal, preexiste e sobrevive ao carro fisiológico que se forma ao nascer, a partir da concepção materna, e termina ao desagregar-se diante das intempéries físicas do mundo.

O espírito encarnado, após o período de sua encarnação, volta para o seu mundo próprio depois de libertar-se dos grilhões de energia psíquica que o segura no ser corpóreo.

Porém, enquanto se mantém preso ao sistema orgânico, não lhe é impossível a comunicação com a humanidade da dimensão espiritual, isso é fato estabelecido e testemunhado em todos os povos e em todas as épocas, apesar da negação peremptória dos líderes científicos e religiosos, perdidos no materialismo inconsequente.

Contudo, onde buscar o intercâmbio espiritual que fornece a informação útil à nossa vida e aos destinos da coletividade? Como trabalhar essa energia que possibilita que duas ou mais mentes, existentes em diferentes dimensões, possam comunicar-se de modo efetivo e seguro? Como estabelecer os princípios básicos das leis que regem essas forças que chamamos psíquicas ou da alma? Como identificar as ideias que nos chegam de todos os lados, selecioná-las e aproveitá-las?

São perguntas que foram feitas no início da história do Espiritismo e que foram respondidas pela observação sistemática e pelos espíritos responsáveis pela tarefa de orientar os homens sobre as realidades espirituais, sob a égide do Espírito de Verdade.

Após a publicação de O livro dos espíritos, que traz em seu conteúdo a filosofia espírita, espelhando a Verdade, sobreveio O livro dos médiuns, organizando as leis que regem as condições experimentais para a prática e uso das forças medianímicas.

Não somente isso; adicionou-se à Codificação O Evangelho segundo o espiritismo, determinando a necessidade de que essas forças espíritas estejam sempre associadas ao sentimento nobre e digno, como caminho seletivo para o alcance das ideias e imagens dos mundos superiores da dimensão espiritual, lembrando as orientações do Evangelho: "Dai de graça o que de graça recebestes".

Foi nesses trabalhos iniciais, assinados por Allan Kardec, que encontramos as bases, os fundamentos para reconhecimento e uso da medianimidade. Temos ainda, em favor dos estudiosos da fenomenologia espírita, os recursos experimentais obtidos e considerados por Kardec como úteis, publicados na Revista Espírita.

Onde unir forças para o estudo teórico e prático do espiritismo senão nas sessões práticas do espiritismo, hoje mais conhecidas como **reuniões mediúnicas**? *Ambiente próprio, formado com objetivo pertinente à seriedade que o assunto merece, por um grupo de pessoas que demonstrem os mesmos propósitos de ação, onde todos possam, com segurança, exporem-se à influenciação dos espíritos, selecionados pela prece sincera a Deus. Sim, pela prece, pois somente com a permissão divina é que os espíritos podem interferir diretamente no cotidiano dos homens. E sempre que o fizeram, foi com a aquiescência do Pai Amantíssimo, visando a educação de seus filhos, o esclarecimento das almas, o alívio dos sofrimentos.*

O autor deste pequeno e útil livro sobre Reuniões Mediúnicas, sob o amparo de seu Guia, estudou, catalogou e experimentou, em seu laboratório de pesquisas medianímicas, junto a companheiros médiuns devotados ao estudo e prática da mediunidade, as anotações de Kardec, imortalizadas nas luzes da Codificação Espírita.

No momento, torna-se novamente necessário que essas informações sejam vivificadas, para alertar a muitos que, recebendo as claridades do espiritismo, aceitam as ofertas de procedimentos estranhos às determinações basilares ou, de modo equivocado, sem a leitura correta dos textos que foram redigidos por Kardec, após exaustivos trabalhos de pesquisa e análise comparativa, permanecem na inércia dos procedimentos repetitivos, incoerentes e inúteis, na aplicação de práticas como se fossem fórmulas repetidas, quase que ritualísticas, de forças hipnóticas paralisantes.

Sim, companheiros, estudiosos do espiritismo aplicado, erguei os olhos para a realidade e vede se estais coerentes com as verdades preconizadas sob a tutela competente do Espírito de Verdade, para que não sejais surpreendidos de mãos vazias, depois de centenas de sessões e procedimentos aleatórios, sem rumo e sem objetivo útil.

Reuni–vos em grupos afins, formai o "todo coletivo", com vossas mentes unificadas como a parábola do "feixe de varas", e vereis que, amparados na prece e na uniformidade mental, produzireis luzes que esclarecem, que erguem, que curam, que produzem os mais belos e dignos efeitos de natureza psíquica, muito além dos potenciais corriqueiros das parcas potencialidades humanas. É preciso entender que, acima de tudo, no trabalho realizado em nome de Deus, o que é aparentemente impossível torna-se possível, e nada será obstáculo ao crescimento espiritual, no que diz respeito ao desenvolvimento das forças anímicas, no fortalecimento da vontade e da fé.

A promessa do Cristo continua atual com o advento do Espiritismo: "Onde estiverem reunidos em meu nome aí estarei entre vós".[1]

Oh! Beleza! Maravilha que há nesses momentos em que experimentamos unir nossas mentes em nome do Cristo. Nossa mediunidade avança, vislumbra, como no batismo do "espírito de santidade e do fogo da verdade", profetizado por João Batista para quando da realidade da presença do Cristo junto aos homens arrependidos.

O Espírito de Verdade veio e reconstituiu as orientações de Jesus. Por isso é que, nessas reuniões mediúnicas, onde a sinceridade e o devotamento se estabelecem entre seus membros, a alma se emancipa e alcança os arcanos celestiais, a tudo desvendando, no transe medianímico capaz de recompor, amparar e orientar a todos para a paz tão almejada e esperada.

[1] Mt 18:20: "Porque onde estiverem dois ou três reunidos em meu nome, aí estou eu no meio deles".

Espíritas, que estais esperando para assumir como cidadãos da Nova Era? Abrigados agora, não mais por líderes e falsos mestres, que se escudam na mitologia para se esconderem das luzes ofuscantes da Verdade, mas sim, pelas esperanças divinais daquele que se apresentou para Allan Kardec como **A Verdade**,[2] *testificando a Jesus Cristo de modo inigualável, irrefutável, como o Conselheiro, o Consolador – O Parácleto Prometido.*

Léon Denis[3]

---

[2] Allan Kardec - *Obras Póstumas.* (1890) Meu Guia Espiritual, p 273.

[3] Mensagem psicografada, obtida no Laboratório de Pesquisa Mediúnica do Cipes. O espírito Léon Denis apresentou-se pela mediunidade psicográfica ao grupo mediúnico, no dia 26 de março de 1998, quando foi solicitado aos Bons Espíritos, nossos Orientadores Espirituais, que, se possível, nos honrassem com algumas palavras de apresentação deste livro.

PREFÁCIO

Estamos no limiar de um novo século, o XXI, e encontramos a prática espírita mesclada com a influência de diversas outras doutrinas, capazes de produzir um sincretismo avassalador nos rumos da seriedade com que os espíritos superiores mostraram a Allan Kardec a atuação da mediunidade útil.

De imediato, é possível observar reuniões mediúnicas realizadas com assiduidade, mas sem ordem e regularidade bastante claras para serem perseguidas com objetividade.

Existem reuniões outras que, ao contrário, têm objetivos bem definidos, sem, contudo terem condições para alcançá-los, como, por exemplo, certas reuniões estruturadas para efeitos físicos e materializações de espíritos, com todas as condições físicas montadas, mas sem o principal – um médium capaz de produzir o fluído ectoplasmático.

Podemos descrever um sem número de reuniões em que os médiuns permanecem livres, sem uma diretiva ou sem um alvo a atingir, deixando que os fenômenos psicofônicos e psicográficos apenas aconteçam, permanecendo, depois, completamente perdidos, sem nenhum aproveitamento.

O que vem acontecendo em termos de direção é realmente lamentável, quando o dirigente e membros de uma reunião aceitam a supremacia de determinado médium, que passa a atuar como um verdadeiro sacerdote principal, a tudo determinando e bloqueando os demais em suas realizações.

A falta de conhecimento mais aprofundado do transe, das forças anímicas e da própria mediunidade, faz com que as reuniões sejam realizadas sem o mínimo conhecimento da força despendida e do potencial medianímico existente no grupo.

A mediunidade é uma faculdade psicogênica que despende energia psíquica que, como toda força básica, precisa de direcionamento. Contudo, o que se tem constatado é uma realidade insípida em que não se vê o aproveitamento plausível e possível dessa força psíquica num sistema econômico justo para o rendimento máximo.

É chegado o momento de nos ocuparmos com estudos mais elaborados para o emprego das forças medianímicas, na formação de reuniões mediúnicas seguras e com objetivos bem definidos, com sistemas de avaliação do potencial de energia psíquica razoável, para, no fim, termos resultados verdadeiramente úteis.

Este trabalho é uma proposta espírita, baseada nos ensinos práticos de Allan Kardec, nascida da leitura minuciosa das publicações de referência da *Revista espírita*, de *O livro dos médiuns* e das outras fontes ligadas à Codificação Espírita, para um sistema prático de uso da mediunidade com mais consciência e com mais controle da força despendida.

Tomamos a liberdade de publicar esse arrazoado de Kardec depois de, por cinco anos, termos experimentado de modo sistemático as orientações do Mestre Lionês e verificarmos a eficácia delas. Assim, trabalhando com um grupo pequeno, sob protocolo de controle e com objetivos bem delineados, pudemos alcançar bons níveis de precisão. Recomendamos que uma releitura da obra de Kardec seja feita por todos os que tiverem essa chance. Não apenas isso, mas que os resultados sejam publicados, para que todos, aproveitando-se as experiências uns dos outros, cresçam e avancem em termos de produtividade e de progresso nos métodos.

Gostaríamos de salientar que em toda a parte prática de onde tiramos os nossos resultados apresentados neste trabalho, contamos com a colaboração de um corpo mediúnico composto por: **Diva Machado Cardoso, Genny Machado Soares Vieira, Júlia Anália de Souza Oliveira, Luana Poltronieri de Souza, Maria da Glória Fernandes de Jesus, Rosemary Torres Esteves e Waldemar João Vieira.** Pessoas amigas para as quais apresento aqui os meus mais sinceros agradecimentos, e votos de muito progresso espiritual.

Evidentemente que temos a obrigação de um agradecimento especial para **d. Maria da Glória**, a nossa caríssima **Glorinha**, pelo empenho que teve em computar os dados referentes à pesquisa das *aptidões medianímicas* na população considerada, o que foi de grande valia; à **d. Luana P. de Souza**, pelo trabalho de arquivo dos protocolos, de tabelar os dados obtidos, de digitar os manuscritos e ainda na tradução dos textos, quando foi necessário; à **dra. Júlia Anália de Souza Oliveira**, por seu apoio clínico, na determinação precisa dos diagnósticos e pacientes considerados e por substituir-me, na direção científica dos trabalhos, nos meus impedimentos; finalmente, à minha mulher **Rosane**, por sua paciência em ler, corrigir e criticar o manuscrito com sua competência e bom senso.

L. Palhano Jr.
Vitória, 20 / 06 / 1998

INTRODUÇÃO

É com especial carinho que devemos ler os conselhos de Kardec sobre as questões relacionadas às reuniões espíritas, pois é através deles que podemos reunir, como num laboratório, as condições ideais para a manutenção do intercâmbio sadio entre as dimensões corpórea e espiritual. Lembrando sempre que Kardec foi instruído por espíritos supervisionados por aquele que se denominou A Verdade, e que deu provas de sua sabedoria e da sua presença, não só por um médium, mas por diversos, sendo que alguns nem se conheciam entre si. Portanto, quando estamos nos referindo a Allan Kardec, evidentemente estamos nos referindo aos principais autores da Codificação, os espíritos.

O valor de Allan Kardec, que é um pseudônimo, está na necessidade que teve de alguém realizar a codificação da Doutrina dos Espíritos, dando-lhe unicidade. No caso, o prof. Rivail foi escolhido para esse serviço e nele foram depositadas as esperanças espirituais mais puras de mostrar ao homem de bem A Verdade, escondida sob os véus dos mistérios, dos dogmas e dos milagres. Rivail, compreendendo o valor e o significado da obra, apagou-se sob um pseudônimo, despersonalizando o trabalho e jogando todo o mérito dos resultados para os espíritos.

Dito isso, é bom que entremos imediatamente no assunto: se não cultivamos os recursos da mediunidade em nossos grupos, como poderemos esperar a palavra fiel da Espiritualidade Superior para nos instruir? É preciso, às vezes, começar com o mínimo de adeptos, que "a princípio podem trabalhar por conta própria, penetrar-se da doutrina pela leitura e meditação das obras especiais; quanto mais se aprofundarem, mais verdades consoladoras descobrirão, confirmadas pela razão" (*RE* 1861– Pg. 388 nº 2).[4]

Com esse conhecimento básico, é possível passar os procedimentos básicos a outros companheiros e interessados, até que, por se unirem pelos mesmos propósitos, consigam possibilitar a formação de um grupo sólido, no qual, com certeza, haverá alguns membros dotados de percepções medianímicas. Para a descoberta dessas pessoas, descreveremos adiante método confiável.

Quanto à instituição dessas reuniões, normalmente realizadas nas Sociedades Espíritas, Kardec, no seu modo lúcido e prático de ver, apresentou conselhos úteis, quando do seu artigo "Organização do Espiritismo" (*RE* 1861, p. 389 nº 3):

> O aumento incessante dos adeptos demonstra a impossibilidade material de constituir numa cidade e, sobretudo, numa cidade populosa, uma sociedade única. Além do número, há a dificuldade das distâncias, que são um obstáculo para muitos. Por outro lado, é sabido que as grandes reuniões são menos favoráveis às belas comunicações e que as melhores são obtidas nos pequenos grupos.

Não é só por isso. Existem outros fatores, que citaremos logo a seguir, que Kardec considerou como primordiais para o êxito das reuniões espíritas. Aliás, deixamos bem claro que é possível a utilização das forças medianímicas em qualquer tipo de reunião, mesmo as que são chamadas, hoje, de "doutrinárias". Sobre a prioridade para os pequenos grupos, Kardec considerou também que:

> Os grupos se formam naturalmente, pela afinidade de gostos, de sentimentos, de hábitos e de posição social; todos ali se conhecem e, como são reuniões particulares, tem-se liberdade de número e de escolha dos que nela são admitidos. (*RE* 1861 p. 390, nº 3)

[4] ALLAN KARDEC - Organização do Espiritismo - *Revista Espírita* (tradução de Júlio Abreu Filho) EDICEL - Ano IV dez 1861, nº 12, p. 388-402.

Soam-nos como muito importantes as palavras seguintes de Kardec, nessa mesma página (nº 4), em que complementa as vantagens dos pequenos grupos:

> O sistema de multiplicação dos grupos tem ainda como resultado, conforme o dissemos em várias ocasiões, impedir os conflitos e as rivalidades de supremacia e de presidência.

Ora, hoje é possível ver justamente isso que o codificador previu: grandes grupos, "Uniões", "Ligas", "Federações", cujos membros digladiam entre si pela supremacia do poder dos cargos; muitos, por interesses sociais, pois certas instituições espíritas, consideradas de utilidade pública, têm lugar nas comissões municipais, estaduais e federais, com respeito às causas sociais, como as do menor carente, da juventude excluída e outras, que movimentam volumosas verbas federais, estaduais e municipais.

Mas o que mais interessa aqui é justamente a organização das reuniões mediúnicas que, como já visto, é preferível que sejam compostas por pequeno número de pessoas, afins e com os mesmos propósitos.

A partir disso, vamos continuar a análise das propostas de Kardec, palmo a palmo, tentando aquela leitura proveitosa, arregimentando argumentos sólidos, que garantam a formação de grupos mediúnicos produtivos, para que possamos aplicar a mediunidade com segurança e com grande utilidade.

Nessa introdução, queremos, ainda, deixar evidente a insistência de Kardec quanto aos pequenos grupos que, além de evitarem diversos problemas, como as dissoluções, teriam a vantagem do atendimento disseminado na sociedade como num todo:

> Assim tudo trabalha em favor do sistema que propomos. Quando um primeiro grupo, fundado em qualquer parte, se tornar muito numeroso, que faça como as abelhas: que enxa-

> mes saídos da colmeia materna fundem novas colmeias que, por sua vez, formarão outras. (*RE* 1861, p. 391, nº 6)

As propostas que virão a seguir, para a organização das reuniões mediúnicas, devem funcionar muito bem para esses pequenos grupos, sendo esse também o objetivo do codificador, quando deu suas sugestões específicas para a formação dos grupos.

1ª PARTE

TEORIA

UNIFORMIDADE DOUTRINÁRIA

"Sendo, afinal, cada reunião um todo coletivo, o que lhes diz respeito decorre naturalmente das precedentes instruções."

Allan Kardec
(*O livro dos espíritos*
Cap. VI – nº 324)

Essa uniformidade será bem mais precisa nos pequenos grupos, é claro, pois há mais chance de divergências e de sincretismos nos numerosos. O principal conselho para essa uniformidade, Kardec ofereceu no nº 7 da Pág. 391 da *R. E.* de 1861:

> Ela será completa em todos os que seguirem a linha traçada pelo *O Livro dos Espíritos* e pelo *O Livro dos Médiuns*. Um contém os princípios da filosofia da ciência, o outro, as regras da parte experimental e prática.

E acrescentou:

> Essas obras estão escritas com bastante clareza para não dar lugar a interpretações divergentes, condição essencial de toda nova doutrina.

Hoje é possível acrescentar outras obras importantes, que em nada ferem as regras básicas, não por uma supremacia de opinião, mas porque também já demonstraram que seus argumentos são válidos.

O importante é discernir o que é mais conveniente, mais útil, o que atende mais à necessidade da região onde o grupo se encontra, aplicando os recursos medianímicos segundo sua especificidade, com maior segurança e precisão possíveis.

No somatório de todos os argumentos aqui apresentados, o grupo poderá encontrar as indicações que considerem mais acertadas para um bom aproveitamento da força psíquica, anímica ou mediúnica.

Uma das vantagens da *uniformidade doutrinária* é vista quando um dos membros de um grupo muda-se de região e precisa frequentar outro grupo. Ele simplesmente encontra seu espaço sem muita dificuldade de adaptação.

Outra vantagem é o impedimento da entrada da influência de doutrinas estranhas e clichês de seitas afro-católicas no grupo. A precisão da uniformidade doutrinária dá relativa segurança para todos os adeptos.

CONSTITUIÇÃO DOS GRUPOS

"Sendo o recolhimento e a comunhão dos pensamentos as condições essenciais a toda reunião séria, fácil é compreender-se que o número excessivo dos assistentes constitui uma das causas mais contrárias à homogeneidade."

Allan Kardec
(*O livro dos médiuns*
Capítulo XXIX – Nº 332)

Como seria de se esperar, tendo em vista o que foi dito até agora, Kardec deu como condição *sine qua non* para a constituição dos grupos mediúnicos, a homogeneidade de propósitos e de intenções:

> Uma das primeiras condições é a homogeneidade, sem a qual não haveria comunhão de pensamentos. Uma reunião não pode ser estável, nem séria, se não houver simpatia entre pessoas que têm ideias divergentes e que fazem uma oposição surda, quando não aberta. (*R.E.* – 1861 – Pg. 392 – nº 8)

Kardec não está falando aqui das opiniões sobre os resultados obtidos, as comunicações ou quaisquer outros eventos ocorridos, mas sobre a deterioração das interações pessoais entre os membros, como por exemplo: a desconfiança, a inveja, a prepotência, a imposição personalista, a fascinação proposital, a dependência psicológica e outras aberrações do comportamento humano. Tanto que no mesmo nº 8 (pág. 392), ele fez as seguintes afirmativas:

> Longe de nós, com isso dizer que seja necessário abafar a discussão, porque, ao contrário, recomendamos o exame escrupuloso de todas as comunicações e de todos os fenômenos.

> Fica, pois, entendido que cada um pode e deve emitir sua opinião; mas há pessoas que discutem para impor a sua e não para esclarecer.

Kardec se posiciona assim, porque considerou o recolhimento atitude fundamental para o desenvolvimento das reuniões. Disse ele:

> Como estar recolhido se, a cada momento, a gente é distraído por uma polêmica acrimoniosa? Se reina entre os assistentes um sentimento de azedume e quando se sente, em torno de si, seres que sabemos hostis e em cujo rosto se lê o sarcasmo e o desdém por tudo quanto não concorda com sua opinião? (idem nº 8).

Outro fator que consideramos importante é, não só a escolha dos componentes, mas a do dirigente, visto que todos, principalmente os médiuns, devem ter nele a confiança necessária para se sentirem seguros. Não apenas por isso, mas porque a energia medianímica necessita de um direcionamento, como qualquer outra força. A exemplo da queda d'água que, quando devidamente canalizada e aproveitada a sua força mecânica, produz a energia elétrica que é transformada em diversas outras energias.

OS COMPONENTES DO GRUPO I

"Todo aquele que entra numa reunião traz consigo espíritos que lhe são simpáticos. Conforme o número e a natureza deles, podem esses acólitos exercer sobre a assembleia e sobre as comunicações influência boa ou má."

Allan Kardec
(*O Livro dos Médiuns*
Capítulo XXIX – Nº 330)

A preferência de Kardec, quando discursou sobre a formação do grupo mediúnico, com referência à qualidade de seus membros, foi sobre aqueles que não somente estudam e praticam a mediunidade, mas aplicam-se em vivenciar a doutrina no seu todo. Lembrou então dos que ele denomina **os verdadeiros espíritas**, ou melhor, os **espíritas cristãos**, "que não se limitam a admirar a moral espírita, mas a praticam e a aceitam em todas as suas consequências". Argumenta mais, para justificar-se sobre os verdadeiros espíritas:

> Convencidos de que a existência terrena é uma prova passageira, tratam de aproveitar estes curtos instantes para avançar na via do progresso, esforçando-se por fazer o bem e reprimir suas más inclinações, suas relações são sempre seguras, porque a convicção os afasta de todo o mau pensamento. Em tudo a caridade é sua regra de conduta. (*O livro dos médiuns* – "Do método", nº 28)

Se o grupo for composto por esses verdadeiros espíritas, seria de fato o ideal, visto que "entre praticantes da lei de amor e de caridade é que se pode estabelecer uma séria ligação fraternal" (*RE* dez. 1861, *Organização do Espiritismo*, nº 10, p. 394). E segue dizendo no final desse nº 10, na mesma página:

> Entre os verdadeiros espíritas reina um sentimento de confiança e de benevolência recíproca, sentem-se à vontade nesse meio simpático, ao passo que há constrangimento e ansiedade num ambiente misto.

É evidente que não se pediu indivíduos perfeitos aqui, mas aqueles que se esforçam, pois é bem verdade que o conjunto refletirá a ação dos seus componentes. E é aqui, também, o momento em que dizemos ser possível, mesmo nas sessões experimentais, unir a benevolência e a caridade no atendimento ao próximo em dificuldade, como o demonstramos nos resultados de nossos trabalhos experimentais publicados no livro *Laudos espíritas da loucura*, no qual expressamos a possibilidade de fazer ciência experimental e atender aos necessitados, no caso, pacientes portadores de afecções mentais, desde os estados depressivos da mente menos complexos, até os estágios mais avançados da esquizofrenia.

Na parte prática deste trabalho, mostrada adiante, estão catalogados muitos outros tipos de doenças, quando diversos tipos de pacientes foram atendidos e auxiliados. A questão está na utilização de métodos capazes de catalogar e acompanhar os casos de modo científico, que proporcione a observação segura e precisa.

O trabalho sobre a loucura só foi possível pela condição de verdadeiros espíritas dos componentes do grupo mediúnico, no esforço da vigilância, na oração e no empenho de combater as más inclinações, visto que, para o vasculhamento psíquico de pessoas com doenças mentais, implica trabalhar com espíritos empedernidos no mal que exigem do assistente coração sincero e segurança espiritual. Só podemos dizer isso depois que o objetivo dos trabalhos foi atingido, pois que, senão o grupo teria se diluído ou permanecido na incapacidade. Portanto, não há aqui nenhum elogio, mas a constatação de que a prática espírita é científica até mesmo no controle de nossos sentimentos inferiores.

Acresce que, no nosso caso, para evitar perigos maiores para os componentes do grupo, faz-se um protocolo para cada um em particular, inclusive do dirigente. Isso não para vigiar o componente, mas para acompanhar o seu desenvolvimento e as influências que ele aceita, tanto quanto as boas quanto as más, com avaliações periódicas. Permanecem aqueles que conseguem manter-se dentro de um quadro psicológico aceitável, enquanto que aqueles que manifestam algum sintoma de perigo psicológico, como ideias fixas, repetição dos pensamentos dos obsessores, comportamentos esquizoides ou incompatíveis com o da boa moral, inveja, mania de grandeza etc., são afastados da tarefa principal, até que voltem às bases psicológicas do equilíbrio mental.

Quanto a isso, o que foi observado? Justamente os que extrapolaram a seriedade do conjunto, esquecendo-se da humildade necessária ao serviço em equipe, não permaneceram no grupo. Ao contrário, os que queriam aprender e não ensinar, educar-se e não dar orientações, participar e não mandar, permaneceram produzindo, na competência que cabe à mediunidade útil.

OS COMPONENTES DO GRUPO II

"Perfeita seria a reunião em que todos os assistentes, possuídos de igual amor ao bem, consigo só trouxessem bons espíritos."

Allan Kardec
(*O livro dos médiuns*
Capítulo XXIX – Nº 330)

"Quanto mais nos aproximarmos dos objetivos traçados, tanto mais satisfatórios serão os resultados" (*RE* dez. 1861, *Organização do Espiritismo* nº 13 – p. 395), foi logo considerando o Codificador quando abordou o tema. Na ânsia de se formar um grupo ou uma reunião mediúnica, os responsáveis acabam por deixar que as circunstâncias predominem e os cuidados necessários são esquecidos. Um desses cuidados é exatamente o objetivo geral e os específicos para o trabalho a ser desenvolvido, visto que a força movimentada em nível psíquico necessita de direção segura. O lamento de Kardec foi enfático:

> Infelizmente, quando se cria um núcleo, se é muito pouco rigoroso na escolha, porque, quase sempre, basta um simples desejo ou uma adesão às ideias mais gerais do Espiritismo. Mais tarde é que se percebe o erro. (idem nº 13)

Como temos lamentado esse comportamento, mesmo agora, mais de 136 anos depois que Kardec assinalou o problema. Nos grupos mediúnicos sempre há reclamações a respeito de um membro inseguro, faltoso e que sempre traz algum problema perturbativo para as tarefas. Ele foi aceito inadvertidamente. Foi aí que a orientação de Kardec foi precisa e incontestável:

> É à composição do elemento estável que é essencial prestar escrupulosa atenção e, neste caso, não se deve hesitar em sacrificar a quantidade à qualidade, porque é ela que impulsiona e serve de regulador. (idem nº 14)

Para alcançar os objetivos é justo que esse item seja considerado em seu grau máximo:

> Aquele que tem a intenção de organizar um grupo em boas condições deve, antes de tudo, assegurar-se do concurso de alguns adeptos sinceros, que levem a doutrina a sério e cujo caráter **conciliatório** e benevolente seja conhecido.[5] (idem, nº 14)

Para fechar essa questão, Kardec propõe as condições essenciais e primordiais, dizendo:

> Formado esse núcleo, ainda que de três ou quatro pessoas, estabelecer-se-ão regras precisas, quer para as admissões, quer para a realização de sessões (específicas) e para a ordem dos trabalhos, regras às quais, os recém-vindos terão que se conformar. Essas regras podem sofrer modificações, conforme as circunstâncias; mas há algumas que são essenciais. (nº 14).

Em seguida, pela sua importância na prática espírita, discutiremos essas regras essenciais. Evidentemente que não haverá nunca a necessidade de fixações de caráter dogmático, regimes descabidos, proibições exageradas, visto que a escolha cairá naqueles indivíduos cujas vidas já primam pela sobriedade.

---

[5] Quociente Emocional (QE) bom.

UNIDADE DE PRINCÍPIOS

"Dissemos que o Espiritismo é toda uma ciência, toda uma filosofia. Quem, pois, seriamente queira conhecê–lo deve, como primeira condição, dispor-se a um estudo sério e persuadir-se de que ele não pode, como nenhuma outra ciência, ser aprendido a brincar."

Allan Kardec
(*O livro dos médiuns*
Capítulo III – Nº 18)

Kardec considerou que a **unidade** de princípios é um dos pontos essenciais para a formação do grupo mediúnico, visto que aquele indivíduo que não estudou os critérios básicos da Doutrina Espírita, incluindo as leis que regem o fenômeno mediúnico, não pode ter opinião formada, nem condições intelectuais para discernir o certo do errado, nesse assunto especificamente.

O estudo prévio dos princípios doutrinários evita, a todo momento, questionamentos e objeções sobre questões básicas, que só produzem momentos de paradas ociosas.

Com relação, principalmente, aos membros efetivos e dirigentes, é óbvio que devem apresentar uma "profissão de fé categórica e uma adesão formal à doutrina do *Livro dos Espíritos*, além de outras condições especiais, julgadas a propósito" (RE dez. 1861, *Organização do Espiritismo*, nº 15 p. 395). Ao longo deste trabalho, será possível distinguir com que clareza os responsáveis pelos trabalhos devem armar-se, visando o êxito do empreendimento.

Que princípios seriam esses, a ponto de sua ausência colocar em perigo toda a tarefa? Num grupo espírita, em que a mediunidade está atuante, é evidente que todos os conhecimentos básicos da Doutrina Espírita são necessários, mas os da mediunidade são imprescindíveis. Devem ser conhecidos todos os tipos de transe para que não se misture, conceitualmente, transe anímico, patológico, farmacógeno e hipnótico com o mediúnico, para que se saiba aproveitar ao máximo os fenômenos produzidos por esses transes,[6] menos o patológico e farmacógenos, é claro.

Doutra feita encontramos um indivíduo com sintoma de esquizofrenia (dizia que o próprio Deus falava com ele) como participante de um grupo de desenvolvimento mediúnico. Isso é uma falha grave dos dirigentes, que estavam favorecendo o desenvolvimento do transe patológico, ao invés de obstaculizá–lo.

É necessário o conhecimento das variedades mediúnicas (quadro sinóptico do *O livro dos médiuns*, Cap. XVI), a fim de retirar de cada uma delas o máximo de aproveitamento possível.

Todos devem estar cientes dos perigos e escolhos da utilização da força mediúnica, para que o grupo não sofra consequências ruins, e não haja problemas individuais, e, sobretudo, para que a energia psíquica liberada tenha maior aproveitamento possível.

Outras questões serão colocadas, como algumas que até já foram discutidas aqui, e que são necessárias ao bom andamento dos trabalhos.

[6] *Transe e Mediunidade, 1998.*

ORDEM E REGULARIDADE

> *"Quando as reuniões se efetuam em dias e horas certos, eles (os Espíritos) se preparam antecipadamente a comparecer e é raro faltarem".*
>
> Allan Kardec
> (*O Livro dos Médiuns*
> Capítulo XXIX – nº 333)

A ordem e a regularidade dos trabalhos são igualmente condições essenciais ao grupo mediúnico, beneficiando o andamento das reuniões. Kardec, sobre esse ponto, coloca de imediato as condições da abertura das reuniões:

> Consideramos eminentemente útil abrir cada sessão pela leitura de algumas passagens do *O Livro dos Médiuns* e do *O Livro dos Espíritos* (nessa época, 1861, *O evangelho segundo o espiritismo* ainda não havido sido editado). Por esse meio ter-se-ão sempre presentes à memória os princípios da ciência e os meios de evitar os escolhos encontrados a cada passo na prática. (RE dez. 1861, *Organização do Espiritismo,* nº 16, p. 396).

Não apenas isso, tais leituras preparatórias servem também para que todos passem a dirigir seus pensamentos para um só objetivo e facilita a concentração de ideias:

> Assim, a atenção fixar-se-á sobre muitos pontos que, por vezes, escapam numa leitura particular e poderão ocasionar comentários e discussões instrutivas, das quais os próprios Espíritos poderão participar. (idem, nº 16)

Uma outra atividade regular que se deve ter por norma é "recolher em pastas todas as comunicações recebidas (escritas, ditadas ou gravadas), por ordem de data, com indicação do médium que as obteve." (idem, nº 16)

É preciso ter consciência de tal procedimento, e Kardec, em sua experiência, não deixou passar esse tópico: "Esta última referência é útil para o estudo do gênero da faculdade de cada um" (idem, nº 16. Ver, acima, o cap. "Os Componentes do Grupo I").

Essa ordem organizacional dá, não apenas condições de observar o desenvolvimento e a potencialidade de cada médium, como também a possibilidade de avaliação do potencial existente nas reuniões. Continua Kardec, em suas instruções:

> É necessário pois, fazer uma coleta das mais instrutivas e lê-las de tempos em tempos. Por vezes estas são de interesse geral e não são dadas pelos espíritos apenas para a instrução de uns poucos e serem arquivadas. Assim é útil que sejam do conhecimento de todos pela publicidade. (idem, nº 16)

Como ordem e regularidade, é preciso entender ainda, a questão da disciplina, da sequência dos itens num trabalho, tudo conforme o objetivo a ser alcançado. Não será necessário, talvez, lembrar aqui da pontualidade, da assiduidade e de todas as condições favoráveis ao bom andamento da reunião. Contudo, é bom lembrar da questão levantada por Kardec no final do nº 333 do capítulo XXIX de *O livro dos médiuns:*

> Acrescentemos, todavia, que, se bem os espíritos prefiram a regularidade, os de ordem verdadeiramente superior não se mostram meticulosos a esse extremo.

Kardec quis lembrar que a rigidez excessiva é um traço de inferioridade, como tudo que é feito sem competência, visto que em tudo há uma margem de elasticidade e possibilidade de expansão. Lembramos que não podemos ter, numa reunião mediúnica, uma rigidez tipo militar, pois que, numa reunião mediúnica, além de lidarmos com pessoas sensíveis, que têm seus afazeres e problemas diários, domésticos ou não, são colaboradores; além disso, sabe-se que os impedimentos espirituais surgem de todos os lados. Entretanto, essa elasticidade ou tolerância nunca deve ser causa de indisciplina do grupo. O colaborador que começa a falhar em sua disciplina, de modo constante, deve ser alertado. A reunião é realizada para nós e não que fomos feitos para ela. De qualquer forma, a disciplina deve ser a prioridade.

SERIEDADE DOS TRABALHOS

"Uma reunião só é verdadeiramente séria, quando cogita das coisas úteis, com a exclusão de todas as demais."

Allan Kardec
(*O livro dos médiuns*
Capítulo XXIX – Nº 327)

Parece que essa questão da seriedade nem precisa mais ser lembrada, mas é um erro, visto que a seriedade não está apenas em evitar a leviandade dos interesses, mas também na competência com que se instala uma reunião mediúnica. Causam muitos problemas, também, a falta de ordem e disciplina, como já foi visto anteriormente. Kardec deixou uma orientação bem clara, quanto à seriedade:

> Sede, pois, sérios em toda a acepção da palavra e as pessoas sérias virão a vós: são os melhores propagadores, porque falam com convicção e tanto pregam pelo exemplo quanto pela palavra. (*RE* dez. 1861, *Organização do Espiritismo* nº 20, p. 397)

A seriedade é uma das condições essenciais para o grupo, pois se incluem aí todas as questões básicas, inclusive, não só o teor vibratório convidativo para as pessoas sérias, mas, também, evoca-se com esse procedimento os espíritos sérios e responsáveis, que vendo a natureza útil dos trabalhos, aproximam-se e tomam a si a tarefa de inspirar, orientar e proteger os componentes.

Com a seriedade vem a responsabilidade e o interesse, o estudo metódico, o esforço da vigilância, da oração e da meditação, como recursos imprescindíveis para o crescimento espiritual, tanto do indivíduo em particular quanto do grupo como um todo.

Dizemos mais: os membros flutuantes e aqueles que buscam outros interesses além do aprendizado e do trabalho útil, acabam enfadando-se ou vendo-se fora do contexto e afastam-se naturalmente. Evita-se assim o agastamento de se ter que pedir o afastamento desse ou daquele elemento do grupo.

O membro realmente sério, que encara as tarefas como um corolário de ensinamentos para o seu crescimento, não se melindra, aceita as sugestões igualmente sérias, a tudo acompanha, guardando toda instrução útil. Também nunca há de se achar o mais poderoso médium ou médium principal a quem todos devem atenção, isso é uma infantilidade. Mesmo porque o dirigente sério considera todas as informações medianímicas e escolherá as que são mais pertinentes à questão colocada em discussão. Assim, cada médium dará sua contribuição segundo o seu nível psíquico de alcance vibratório, cada qual na sua vez, não havendo preocupações descabidas a respeito de quem tem mais poder.

Como se vê e se apreende, não é tão fácil assim a formação de um grupo, cuja seriedade fará com que as reuniões sejam absolutamente úteis.

MÉTODO DE TRABALHO

> *"Os que desejem tudo conhecer de um ciência devem necessariamente ler tudo o que se ache escrito sobre a matéria, ou, pelo menos, o que haja de principal, não se limitando a um único autor."*
>
> Allan Kardec
> (*O livro dos médiuns*
> Capítulo III – Nº 35)

Sob o objetivo de proposta para uma metodologia oportuna a ser empregada nos trabalhos, Kardec indicou alguns lances capazes de serem perseguidos pelos adeptos, sem muita dificuldade, apenas considerando o que já foi explanado até aqui.

> Sabe-se que os Espíritos, não possuindo todos a soberana ciência, podem encarar certos princípios de um ponto de vista pessoal e, consequentemente, nem sempre estarem de acordo. O melhor critério da verdade está, naturalmente, na concordância dos princípios ensinados sobre diversos pontos, por Espíritos diferentes e por meio de médiuns estranhos uns aos outros. Assim foi composto *O Livro dos Espíritos*". (RE dez. 1861, *Organização do Espiritismo* nº 24, p. 401)

Baseado nisso, encontramos um ótimo recurso, não só para comparar as informações dos espíritos, mas também para verificar a veracidade das percepções anímicas. Em nossos experimentos em Vitória, no Círculo de Pesquisa Espírita, procuramos desenvolver duas técnicas que chamamos *varredura anímica* e *varredura medianímica* (veja a obra *Transe e Mediunidade*).

A primeira consiste em que todos os médiuns envolvidos, por três minutos,[7] entrem em transe anímico, como para ir-

[7] Três minutos foi o tempo justo para que todos os médiuns tivessem suas percepções. Porém, com o treino, basta que se fale para os médiuns o assunto, e eles já passam a perceber as coisas relacionadas.

radiação mental, e procurem alcançar o alvo indicado, cujas peculiaridades apenas o dirigente ou o investigador sabe, pois tem em suas mãos o protocolo devidamente informado. Após o transe anímico, os médiuns descrevem suas percepções a respeito do assunto requisitado. Com os relatórios nas mãos, o dirigente fará o seu laudo.

A segunda técnica, varredura medianímica, é semelhante, sem que haja um tempo determinado para esse desiderato. Os médiuns envolvidos utilizam seus recursos, tanto anímicos quanto mediúnicos, para obterem informações a respeito do alvo indicado. Nota-se que os médiuns, embora pertençam ao mesmo grupo, estão entregues a si mesmos, visto que não sabem do conteúdo dos protocolos e dos prontuários.

No final, o dirigente reúne os dados obtidos pelas diferentes variedades mediúnicas e faz o seu laudo (veja a obra *Laudos Espiritas da Loucura*, já citada acima). Isso, também, possibilita o acompanhamento das possibilidades psíquicas de cada médium, na tentativa de aproveitar o máximo de suas energias em favor do todo coletivo. Finalmente, dá-se uma volta ao próprio médium sobre o seu desenvolvimento, se está progredindo, quais as variedades medianímicas que conseguiu potencializar, e assim por diante. Por outro lado, seguindo ainda as orientações de Kardec, é possível comparar os resultados com os encontrados na literatura, num trabalho de pesquisa bibliográfica:

> Existe um grande número de obras antigas ou modernas, nas quais se encontram testemunhos mais ou menos diretos em favor das ideias espíritas. Uma coleção desses testemunhos seria tarefa muito preciosa, mas é quase impossível que seja feita por uma só pessoa. Ao contrário, torna-se fácil, se cada um quiser colher alguns elementos em suas leituras e estudos e os transmitir a quem possa coordená-los.

De nossa parte, nós, os componentes do CIPES, tentamos seguir essas orientações, sempre trabalhando em equipe para conseguirmos alcançar os objetivos, quando realizamos vários trabalhos de resgate histórico, como os já publicados: *Dossiê Jerônimo Ribeiro; Rosma, o fantasma de Hydesville; Dossiê Fenelon Barbosa; Mirabelli, um médium extraordinário; Eusápia, a Feiticeira; Experimentações Mediúnicas: a propósito das pesquisas psíquicas de William Crookes; Dimensões da Mediunidade, uma pesquisa sobre as atividades mediúnicas de Elisabeth d'Espérance*, e, por último, o *Dossiê Peixotinho,* o excelente médium de materializações luminosas. Os direitos autorais dessas obras foram doados a instituições espíritas e esperamos que as editoras responsáveis mantenham sempre edições renovadas. É com satisfação que verificamos outros grupos no Brasil, preocupados em resgatar a nossa história.

Concluímos que, na sequência que demos aos nossos trabalhos, baseados nas orientações básicas de Kardec, temos condições para dizer que elas são verdadeiras, funcionam, e formam uma metodologia adequada para o aproveitamento máximo dos recursos medianímicos.

Cremos mesmo que, inclusive, avançamos em alguns pontos, como documentado e publicado em publicações anteriores, tanto no campo das obsessões e das doenças mentais,[8] quanto em trabalhos sobre conduta prática, sobre os variados tipos de transe e o desenvolvimento das percepções medianímicas;[9] sobre a utilização consciente da energia tempo e a expansão da consciência para Deus, através das diversas reencarnações,[10] além dos outros documentos que ainda estamos preparando para publicação.

Não se veja nessas palavras lampejos de autopromoção, mas a exemplificação do que uma equipe desinteressada pode conseguir, no espírito do grupo, na formação de um campo de interesse único e armado com a metodologia adequada. Acreditamos que estamos no caminho certo, o do resgate histórico, da documentação dos fatos, coleção de mensagens, metodologia

---

[8] *Laudos Espíritas da Loucura.*

[9] *Transe e Mediunidade.*

[10] *Viagens Psíquicas no Tempo.*

científica, computação de dados e a utilização de todos os recursos modernos de comunicação para divulgar os nossos resultados e as nossas conclusões, como esperamos que os confrades façam também. Só assim entraremos na era da globalização, participando ativamente no que vem ocorrendo no mundo espírita e tomando conhecimento de novas informações e de novos conhecimentos.

ESCASSEZ DE MÉDIUNS

> *"No médium aprendiz, a fé não é a condição rigorosa; sem dúvida lhe secunda os esforços, mas não é indispensável; a pureza de intenção, o desejo e a boa vontade bastam."*
>
> Allan Kardec
> (*O livro dos médiuns*
> Capítulo XVII – Nº 209)

Recorremos aqui a outro artigo de Allan Kardec (*RE*. 1861 p. 47),[11] em que ele trata da falta de médiuns para as reuniões do grupo espírita. Considerou ele alguns quesitos para suprir a possível escassez de médiuns ou ainda de bons médiuns:

> Um médium, sobretudo um bom médium, é incontestavelmente um dos elementos essenciais em toda reunião que se ocupa de Espiritismo; mas seria um erro pensar que, em sua falta, nada mais resta que cruzar os braços e levantar a sessão.

Em princípio, Kardec abriu duas portas a serem consideradas: uma no caso de não existir mesmo nenhum médium ou apenas médiuns imperfeitos; outra, na possibilidade de se descobrir médiuns entre os membros frequentadores. Nesses pontos, acreditamos que avançamos um pouco.

Para os casos em que realmente não há médiuns disponíveis, as sugestões de Kardec são:

1º – reler e comentar as antigas comunicações, cujo estudo aprofundado fará ressaltar melhor o seu valor, meditando nele, pois "aquele que medita tem um sentido a mais: é mais tocado pelas ideias do que pelas palavras";

[11] ALLAN KARDEC - Escassez de Médiuns - *Revista Espírita* - Ano IV fev. 1861, nº 2, p. 47-51.

2º – contar fatos de que se tem conhecimentos, discuti-los, explicá-los pelas leis da Ciência Espírita;

3º – ler, comentar e desenvolver cada capítulo de *O livro dos espíritos* e de *O livro dos médiuns*, bem como todas as outras obras sobre o espiritismo;

4º – discutir os vários sistemas sobre interpretação dos fenômenos espíritas.

Para a segunda proposição, Kardec considerou que é melhor procurar os fatos na experiência dos próprios componentes ou basear-se nos que se encontram no *O livro dos médiuns*:

> Os que se reúnem com um intento comum formam um *todo coletivo*, cuja força e sensibilidade se encontram acrescidas por uma espécie de influência magnética, que auxilia o desenvolvimento da faculdade. Entre os Espíritos atraídos por esse concurso de vontades estarão, provavelmente, alguns que descobrirão nos assistentes o instrumento que lhes convenha. Se não for este, será outro e eles se aproveitarão desse. Este meio deve sobretudo ser empregado nos grupos espíritas a que faltam médiuns, ou que não os possuam em número suficiente. (Allan Kardec – *O Livro dos Médiuns* – Capítulo XVII – Nº 207)

Em nossos experimentos, adotamos esse critério com êxito, procurando valorizar mais a percepção anímica que os canais medianímicos, que foram desenvolvendo-se à medida que os médiuns foram se assenhorando mais do controle de suas faculdades perceptivas.

Faz-se uma prece com objetivo bem definido, de forma clara e direta, pedindo aos membros presentes que, em condições de recolhimento mental, procurem guardar qualquer percepção, sensação, pensamento, que aconteçam. Após a prece, pergunta-se, individualmente, o que foi sentido, percebido ou visto durante ela. Dificilmente, num grupo de dez pessoas, nenhuma delas tenha percepções (ver a obra *Transe e Mediunidade*).

Reunindo as diversas percepções obtidas é possível, muitas vezes, resolver a questão proposta. É só tentar, não há dificuldades nisso.

OS BONS MÉDIUNS

"Suponhamos agora que a faculdade mediúnica esteja completamente desenvolvida; que o médium escreva com facilidade; que seja, em suma, o que se chama de um médium feito. Grande erro de sua parte fora crer-se dispensado de qualquer instrução a mais, porquanto apenas terá vencido uma resistência material."

Allan Kardec
(*O livro dos médiuns*
Capítulo XVII – Nº 216)

Evidentemente que, médiuns, os temos em todas os lugares, no meio da sociedade, quando se aplica a definição de *O livro dos médiuns*:

> Todo aquele que sente, num grau qualquer, a influência dos Espíritos é, por esse fato, médium. Essa faculdade é inerente ao homem, não constitui, portanto um privilégio exclusivo. Por isso mesmo, raras são as pessoas que delas não possuam alguns rudimentos. Pode-se, pois, dizer que todas são, mais ou menos médiuns (mediunidade generalizada ou estática). Todavia, usualmente, assim só se qualificam aqueles nos quais a faculdade mediúnica se mostra bem caracterizada e se traduz por efeitos patentes, de certa intensidade (dinâmica), o que então depende de uma organização mais ou menos sensitiva. (Ob. Cit. Cap. XIV, Nº 159)

O problema crucial é encontrar os bons médiuns, aqueles que passam a boa mensagem, o que é útil com sua percepções, que querem apenas o bem e não são exibicionistas. Kardec alertou sobre isso, quando disse: "os bons médiuns, na verdadeira acepção da palavra, são raros" (*RE* de fevereiro de 1861, nº 2). Disse mais:

> Diariamente a experiência prova que não basta possuir a faculdade mediúnica para ter boas comunicações. Mais vale, pois, privar-se de um instrumento, do que o ter defeituoso.

A posição de Kardec foi sempre judiciosa e ele lembrou muito bem acerca desse problema:

> Por certo que para os que buscam nas comunicações mais o fato do que a qualidade, que assistem mais por distração do que para esclarecimento, a escolha do médium é bastante indiferente, e aquele que mais os efeitos produz será o mais interessante. Mas nós falamos dos que têm um objetivo mais sério e veem mais longe. A estes é que nos dirigimos, pois estamos seguros de que nos compreendem. (*RE* de fevereiro de 1861, nº 2, p. 48)

O bom médium é aquele que passa a mensagem útil, que fornece sua energia para um bom propósito, seja de instrução, esclarecimento, consolação, cura e tantas outras possibilidades no campo das realidades humanas. Para atender a tais objetivos, Kardec, nesse mesmo artigo da *Revista Espírita* citado acima (p. 48), lembrou que existem os médiuns perfeitamente flexíveis (de ampla passividade), os que se prestam a todos os gêneros de comunicação, ainda que sejam mais raros. Recomendamos a leitura de um trabalho nosso sobre a médium Elisabeth d' Espérance (*Dimensões da Mediunidade,* CELD) e a da sua própria biografia mediúnica *No País das Sombras* (FEB).

HOMOGENEIDADE E HARMONIA

"Uma reunião é um ser coletivo, cujas qualidades e propriedades são a resultante das de seus membros e formam como que um feixe. Ora, este feixe tanto mais força terá, quanto mais homogêneo for."

Allan Kardec
(*O livro dos médiuns*
Capítulo XXlX – Nº 331)

Trata-se de mais uma condição essencial para o êxito das reuniões mediúnicas, que na verdade depende de seus membros frequentadores. Allan Kardec, na *Revista Espírita* (junho de 1862, vol. 6, p. 184), foi peremptório:

> Ora, mantenho que não há reunião espírita séria sem homogeneidade. Por toda parte onde houver divergência de opinião, há a tendência para fazer prevalecer a sua, o desejo de impor suas ideias ou sua vontade; daí as discussões, as dissensões, depois a dissolução; isto é inevitável e acontece em todas as sociedades, seja qual for o objetivo, onde cada um quer marchar por vias diferentes. O que é necessário nas outras reuniões ainda mais o é nas reuniões espíritas sérias, nas quais a primeira condição é a calma e o recolhimento, impossíveis com discussões que fazem perder tempo em coisas inúteis; é então que os bons Espíritos se vão, deixando o campo livre aos Espíritos perturbadores. Eis porque, os pequenos grupos são preferíveis: a *homogeneidade de princípios*, de gostos, de caráter e de hábitos, condição essencial da boa harmonia, aí é bem mais fácil de obter que nas grandes assembleias.

O recurso social para se conseguir tal comunhão de pensamentos é a formação de um grupo de confrades, médiuns ou não, unidos por uma "perfeita *comunidade* de vistas, opiniões e de sentimentos", como disse Kardec (*RE,* junho de 1862, vol.

6, p. 185), além de estabelecer regras precisas às quais forçosamente deverão submeter-se os que vierem a participar depois.

Daí, sempre que se aceitar novo membro deve ser a título provisório e sem voz ativa, até que se estabeleça a perfeita sintonia e uma empatia dele com o grupo e vice–versa. Kardec conclui que a homogeneidade, a comunhão mental, é o princípio vital de toda e qualquer sociedade ou reunião espírita:

> Sem homogeneidade, não há união simpática entre os sócios, não há relações afetuosas; sem união, não há estabilidade; sem estabilidade, não há calma; sem calma, não há trabalho sério. (Idem, p. 185)

É fácil perceber que a comunhão de pensamentos favorece a formação de um "campo psíquico", antigamente chamado de "corrente mental", que possibilita as muitas vantagens medianímicas, que estudaremos em capítulo posterior.

INSTRUÇÕES ESPIRITUAIS

> *"Os Espíritos procuram o intérprete que mais simpatize com eles e que lhes exprima com mais exatidão os pensamentos."*
>
> Allan Kardec
> (*O livro dos médiuns*
> Capítulo XIX – Nº 223 – Pergunta 8ª)

Quando um grupo de confrades se reúne, é bem verdade que há ali um determinado propósito. A força da homogeneidade desses propósitos atrai Espíritos que têm o mesmo interesse, sendo os homens, assim, permanentemente secundados por espíritos. Assim se posicionou Kardec, com respeito à presença da assessoria espiritual para o grupo mediúnico:

> Os Espíritos são atraídos pela simpatia, pela similitude dos gostos e dos caracteres, pela intenção que faz desejada a sua presença. Os Espíritos superiores não vão a reuniões fúteis, do mesmo modo que um cientista da terra não iria a uma reunião de jovens estúrdios. (*RE*, abril de 1864, vol. 4, nº 19, p. lll)

Logicamente podemos saber o tipo de espíritos que nos assessora pela avaliação permanente de nossas intenções, objetivos e resultados. Classifiquemos o tipo de reunião que fazemos e a natureza de nossos propósitos, de nossas ações, do que observamos e teremos a resposta certa:

> Do que precede, resulta que toda reunião espírita para ser proveitosa, deve, como primeira condição, ser séria e contrita; que aí tudo deve passar-se respeitosamente, religiosamente, com dignidade, se o que se deseja é obter o concurso habitual dos bons Espíritos. (*RE*, abril de 1864, vol. 4, nº 20, p. lll)

Neste trabalho estão propostas várias das condições para que uma reunião mediúnica seja considerada séria e assistida por espíritos superiores, capazes de conduzir os trabalhos aos mais úteis resultados. Senão vejamos a listagem dessas condições, apenas para uma lembrança didática: *homogeneidade de pensamentos* e de *propósitos; seriedade na condução dos trabalhos*; *ordem* e *regularidade*; *pontualidade* e *assiduidade*; *objetivos bem definidos*; *calma*; *recolhimento*, *preces* e *comunhão de pensamentos*.

Lembramos que, para cada objetivo a ser perseguido, como acontece na Terra, há equipes espirituais especializadas que vêm atender as necessidades do grupo. Assim, a seriedade pedida está também na preocupação de valorizar o potencial de força que se tem, procurando dirigir os trabalhos de acordo com esse potencial. Por exemplo, se há ectoplasmia faça-se que ela se torne útil; se há psicografia, que seja intuitiva e consoladora; se há percepções intuitivas, conduz-se a energia mental onde ela for mais útil. Os espíritos saberão aumentar e graduar essa energia de acordo com as necessidades que se apresentarem. Insistimos que tudo deve ser feito com maior consciência por parte dos componentes do grupo. A atenção e o recolhimento darão possibilidades aos médiuns de identificarem os instrutores do mundo maior que se aproximarem.

Em nossos experimentos, verificamos que para cada assunto diferente tratado, uma equipe espiritual especializada apresentava-se, como por exemplo, para o atendimento aos enfermos do corpo haviam espíritos especialistas, outros para os doentes mentais, para obsessões etc. Para cada um dos projetos de pesquisas medianímicas, conforme os objetivos definidos, apresentavam-se equipes de espíritos diretamente interessados. Para assuntos médicos, os médicos espirituais; para as pesquisas, os pesquisadores e estudantes; para os esclarecimentos, os instrutores; para a segurança do ambiente, os vigilantes. E assim por diante.

COMUNHÃO DE PENSAMENTOS I

"Desde que o Espírito é de certo modo atingido pelo pensamento, como nós somos pela voz, vinte pessoas, unindo-se com a mesma intenção, terão necessariamente mais força que uma só; mas, a fim de que todos esses pensamentos concorram para o mesmo fim, preciso é que vibrem em uníssono; que se confundam, por assim dizer, em um só, o que não pode dar-se sem a concentração".

Allan Kardec
(*O livro dos médiuns*
Capítulo XXlX – Nº 331)

Allan Kardec desenvolveu esse assunto, o princípio da *comunhão de pensamentos*, no seu discurso proferido na Sociedade Espírita de Paris, no dia 2 de novembro de 1864, finados, quando se deu uma reunião especial em homenagem a todos os confrades já falecidos (*RE* de dezembro de 1864, v. 12, p. 351–359). Vamos direto à definição de Kardec:

> Comunhão de pensamento quer dizer pensamento comum, unidade de intenção, de vontade, de desejo, de aspiração. Ninguém pode desconhecer que o pensamento é uma força". (p. 352)

Depois questionou se o pensamento seria uma força puramente moral e abstrata, para definir:

> O pensamento é o atributo característico do ser espiritual; é ele que distingue o espírito da matéria; sem o pensamento o espírito não seria o espírito, é o pensamento capaz de movimentar um certo grau de energia; é o pensamento transformado em força motriz. (idem, p. 352)

De definição em definição, Kardec foi colocando o seu estudo acerca do pensamento, lembrando que ele é emitido pela vontade:

> É pela vontade que o Espírito imprime aos membros e ao corpo movimentos num determinado sentido. Mas, se o Espírito tem a força de agir sobre os órgãos materiais, quanto maior não deve ser sobre os elementos fluídicos que nos rodeiam! (idem, p. 352)

Foi aí que ele chegou à descrição do campo psíquico, considerando que "campo" é o espaço de influência de um corpo:

> O pensamento age sobre os fluidos ambientes, como o som sobre o ar; esses fluidos nos trazem o pensamento, como o ar nos traz o som. Pode, pois, dizer-se com toda a verdade que há nesses fluidos ondas e raios de pensamento que se cruzam sem se confundir, como há no ar ondas e raios sonoros. (idem, p 352).

Então, se cada um de nós, seres pensantes, formamos, além do "campo" inerente ao ser corpóreo, um "campo" de influência mental, quando em comunhão de pensamentos formamos um "campo coletivo" de maior poder:

> Uma assembleia é um foco de onde irradiam pensamentos diversos; é como uma orquestra, um coro de pensamentos onde cada um produz a sua nota. Disto resulta uma porção de correntes, e de eflúvios fluídicos dos quais cada um recebe a impressão dos sons pelo sentido da audição. (idem, p. 352)

Para efeito comparativo, Kardec fez a seguinte colocação:

> Aos efeitos que acabo de descrever, tocante à comunhão de pensamentos, junta-se um outro que é sua consequência natural, e que importa não perder de vista: *é a força que adquire o pensamento, ou a vontade, pelo conjunto dos pensamentos ou vontades reunidas*. Sendo a vontade uma força ativa, essa força é multiplicada pelo número de vontades idênticas, como

> a força muscular é multiplicada pelo número de braços. (idem, p. 353)

Sobre as vantagens da formação desse campo, trataremos no capítulo apropriado, mas já é possível vislumbrar a força capaz de ser desenvolvida com a comunhão de pensamentos, unida à prece, à ação dos espíritos e às energias divinas captadas.

COMUNHÃO DE PENSAMENTOS II

"Se os pensamentos forem divergentes, resultará daí um choque de ideias desagradável ao Espírito e, por conseguinte, prejudicial à comunicação."

Allan Kardec
(*O livro dos médiuns*
Capítulo XXIX – Nº 331)

Na continuidade do seu estudo sobre a comunhão do pensamento, Kardec chegou a interessantes conclusões que podem ser aplicadas cientificamente, com a devida consciência do que se está fazendo.

É sabido que é possível essa comunhão de pensamentos entre os homens, espíritos encarnados, mas Kardec acrescentou uma nova faceta, *a união dos pensamentos dos homens com os dos espíritos* e considerou que numa reunião torna-se possível "uma perfeita comunhão de pensamentos entre os homens e os Espíritos, reunindo uma força atrativa ou repulsiva, que nem sempre possui a criatura isolada" (*RE* de dezembro de 1864 vol. 12, p. 353). Em seguida, vem uma complementação bastante razoável:

> Para os espíritas, a comunhão dos pensamentos tem um resultado ainda mais especial. Temos visto o efeito desta comunhão de homem a homem. O Espiritismo nos prova que esse efeito não é menor nos homens que nos Espíritos, e reciprocamente. (idem, p. 354)

Assim é que a formação dessa força coletiva pode dar tanto maior repulsão às forças contrárias (aos Espíritos maus), quanto atrair as forças favoráveis (a presença dos Espíritos bons):

> Com efeito, se o pensamento coletivo adquire força pelo número, um conjunto de pensamentos idênticos, tendo por objetivo o bem, terá mais força para neutralizar a ação dos maus Espíritos. (idem, p. 354)

Ao contrário:

> A ação dos bons Espíritos será ajudada e ampliada; a influência benéfica deles não encontrará obstáculos; seus eflúvios fluídicos, não sendo impedidos, espalhar-se-ão sobre todos os assistentes, porque todos os terão atraído pelo pensamento, em proveito de todos conforme a lei da caridade. (idem, p. 354)

Evidentemente que Kardec chegou à conclusão acertada sobre essa questão, só mais tarde explicada por Einstein com a sua teoria dos "campos":

> Assim, pela comunhão de pensamentos, os homens se assistem entre si e, ao mesmo tempo, assistem os Espíritos e são por estes assistidos. (idem, p. 354)

Após ser conseguida essa comunhão de pensamentos em suas reuniões, os espíritas podem, pela vontade única e coletiva, emitir raios bastantes poderosos para dar ânimo aos depressivos e melancólicos, proporcionar o refazimento físico dos doentes de toda ordem, evocar os espíritos, desenvolver os potenciais anímicos, estabelecer a segurança psíquica do ambiente, bem como vasculhar (varredura) outros psiquismos necessitados de orientação, ambientes, o passado, o futuro e os acontecimentos distantes. É só experimentar, muitas provas sobre essas possibilidades foram publicadas pelo próprio Kardec, outros pesquisadores e também por nós, como demonstramos nos nossos resultados já publicados e citados em páginas anteriores.

A PRECE NAS REUNIÕES

"Estar reunidos em nome de Jesus não quer dizer que basta estar reunidos materialmente, mas de o estar espiritualmente, pela comunhão de intenções e de pensamentos para o bem; então Jesus se encontra no meio da assembléia, ele ou os Espíritos puros que o representam."

Allan Kardec
(*O Evangelho segundo o espiritismo*
Cap. XXVIII – Nº 5)

A posição de Allan Kardec em relação à prece está bem definida em *O Evangelho segundo o espiritismo*, em que ele tratou do assunto com mestria. O seu pensamento a respeito do assunto sempre foi muito claro, não deixando dúvidas sobre mecanismo da prece, sua ação, sua eficácia, seus efeitos:

> A questão da prece foi de há muito discutida, não sendo útil aqui repetir o que se sabe a respeito. Se o Espiritismo proclama a sua utilidade, não é por espírito de sistema, mas porque a observação permitiu constatar a sua eficácia e o modo de ação. Desde que, pelas leis dos fluidos, compreendemos o poder do pensamento, também compreendemos o da prece, que é, também ela, um pensamento dirigido para um fim determinado. (*RE*. Janeiro de 1866, vol. I, p. 9)

É preciso aqui, mesmo para os espíritas, repetir as argumentações firmes do mestre lionês sobre a prece, visto que é preciso estabelecer parâmetros de eficácia, quando se trata de um comportamento coerente e de aplicação científica:

> Pela prece o homem eleva sua alma, entra em comunhão com Deus, identifica-se com o mundo espiritual, *desmaterializa-se*

> (espiritualiza-se), condição essencial de sua felicidade futura; sem a prece, seus pensamentos ficam na terra, ligam-se mais e mais às coisas materiais. (idem, p. 10)

Disse ele mais:

> Nas reuniões espíritas a prece predispõe ao recolhimento, à seriedade, condição indispensável, como se sabe, para as comunicações sérias. (idem, p. 11)

Aliás, numa reunião mediúnica, a prece apresenta recurso diversificado, desde as comuns preces iniciais e finais, às preces evocativas, rogativas, agradecimentos e louvores.

É preciso entender que os espíritos são as almas dos desencarnados e a prece funciona como espécie de sintonia mental, abertura psíquica, declaração de simpatia, identificação de pensamentos. Pela prece é possível confortar um espírito sofredor, curar enfermos, reunir forças divinas, obter recursos, estabelecer vínculos espirituais.

Rejeitar a prece ou não saber usá-la é perder o privilégio de identificar-se com Deus e com os bons espíritos. A prece é imprescindível numa reunião mediúnica.

O VERDADEIRO RECOLHIMENTO

> *"Visto ser necessário evitar toda causa de perturbação e de distração, uma Sociedade Espírita deve, ao organizar-se, dar toda a atenção às medidas apropriadas a tirar aos promotores de desordem os meios de se tornaram prejudiciais e a lhes facilitar por todos os modos o afastamento."*
>
> Allan Kardec
> (*O livro dos médiuns*
> Cap. XXIX, nº 339)

Fazemos nossas as palavras do espírito De Courson, numa mensagem obtida pelo médium Bertrand, na Sociedade Espírita de Paris, no dia 16 de outubro de 1868 (*RE*, de novembro de 1868, vol. II, p. 346):

> Se pudésseis ver o recolhimento dos Espíritos de todas as ordens, que assistem às vossas sessões, durante a leitura de vossas preces, não só ficaríeis tocados, mas ficaríeis envergonhados de ver que o vosso recolhimento, que apenas qualifico de silêncio, está muito longe de aproximar-se do dos Espíritos, um bom número dos quais vos são inferiores.

Ora, esta é a análise de um espírito que tentou passar a ideia do que ocorre do outro lado no momento propício ao recolhimento espiritual que é o da prece. Esse assunto é por demais importante para o desenvolvimento das reuniões mediúnicas para deixarmos de o repetir aqui:

> O que chamais vos recolherdes durante a leitura de vossas belas preces, é observar um silêncio que ninguém perturba; mas se vossos lábios não se mexem, se vosso corpo está imóvel, vosso espírito vaga e deixa de lado as sublimes palavras que deveríeis pronunciar do mais profundo do vosso coração, a elas vos assimilando pelo pensamento. (idem, 346)

Isto é um alerta, mas queremos deixar bem claro que aquelas pessoas que ainda não conseguem fazer esse verdadeiro recolhimento poderão consegui-lo pelo treinamento de seus pensamentos, o que se consegue pela prática da meditação como o espiritismo a ensina (pergunta 919 de *O livro dos espíritos*):

> Vossa matéria observa o silêncio; certo, dizer o contrário seria vos injuriar; mas o vosso Espírito tagarela não o observa e perturba, nesse instante, por vossos pensamentos diversos, o recolhimento dos Espíritos que vos rodeiam. Ah! Se os vísseis prosternados ante o Eterno, pedindo a realização de cada uma das palavras que ledes, vossa alma ficaria comovida e lamentando sua pouca atenção passada; faria uma volta sobre si mesma e pediria a Deus, de todo o coração, a realização dessas mesmas palavras que apenas pronunciava com os lábios.

Treinemos o coração, conjugando pesquisa, instrução e sentimento. Mesmo nos trabalhos científicos, procuremos dar-lhe uma utilidade diretamente ligada ao consolo dos problemas humanos, como conseguimos fazer nos trabalhos do projeto *Laudos Espíritas da Loucura* (Lachâtre).

O verdadeiro recolhimento não é simplesmente uma atitude de silêncio, mas a oração, a contrição e a atenção no que se faz, eis aí o que devemos chamar de *concentração mental*. Apliquemos o sentimento sincero e digno em todas às nossas ações cristãs; aliás, devemos ser razão e coração em todos os lugares, em todos os momentos, em todas as encarnações, em todos os céus. Ganharmos a unicidade de ser, e não vivermos em dualidades, segundo a situação em que nos encontramos, isto é, aparentarmos uma coisa segundo o que o mundo nos pede. Sejamos unos em nós mesmos, na mesma firmeza de caráter, em qualquer lugar em que nos encontremos.

O momento do recolhimento, da concentração, não o é da abstração, mas evidentemente o da atenção no que se está fazendo, para uma participação consciente e efetiva, com respeito e constrição.

O TODO COLETIVO

"Os que se reúnem com um intento comum formam um todo coletivo, *cuja força e sensibilidade se encontram acrescidas por uma espécie de influência magnética, que auxilia o desenvolvimento da faculdade."*

Allan Kardec
(*O livro dos médiuns*
Capítulo XVII – Nº 207)

Como já foi colocado em discussão, a homogeneidade nascida da comunhão de pensamentos favorece a que todas as auras individuais se unam umas às outras para formar uma única – o "campo" psíquico coletivo, durante uma reunião mediúnica.

Nessa reunião, os que realmente ali estiverem com os pensamentos integrados, estarão participando de todo o processo, mas os que não se afinarem, só estarão ali de corpo presente.

Além de todos os benefícios que os membros do grupo usufruem nas trocas psíquicas que realizam durante o trabalho, soma-se o benefício trazido com as poderosas mentes dos Instrutores Espirituais. Cada um absorverá o quinhão energético que consegue captar em seu nível psíquico, mas, com o tempo e com a perseverança, todos se complementarão, visto que só é possível a sintonia natural entre os que vivem no mesmo panorama psíquico. Há uma espécie de *integração psíquica*, como na fortaleza do feixe de varas.

A potencialização medianímica vem com o tempo; aquele que tem mais locupleta o que tem menos, nesse ou naquele parâmetro mental. Um psicógrafo educado e eficiente acaba por potencializar aquele outro que é ainda um tanto insipiente; um vidente passa a sua força para aquele que mais se lhe afiniza mentalmente, e assim por diante.

Acontece também que, mediante a diferença de níveis (alcance) psíquicos, um médium pode completar as percepções de outro e também é comum acontecer confirmações, quando um não sabe o que o outro percebeu ou captou e descreve justamente o que o outro percebeu. Isso é um avanço na análise dos vasculhamentos mentais, mediante a concentração de forças num mesmo objetivo.

O "campo" fornece a força coletiva de penetração psíquica, onde normalmente um médium isolado não alcança. Realizamos experimentos nos quais era dada uma tarefa a determinado médium e ele não conseguia realizar o que se pediu; contudo, quando a mesma tarefa era designada ao grupo com a participação desse mesmo médium, ele conseguia o intento.

O "campo" pode ser visualizado como uma rede luminosa envolvendo todos os membros. Esse "campo" está ligado diretamente ao dirigente; todas as mentes presentes ali, confiando na atuação do dirigente, estão ligadas a ele. A uma ordem dele, a ação psíquica toma corpo. A consciência da existência dessa força fornece uma ação mais precisa do grupo, tanto nas atividades anímicas, quanto nas medianímicas. A proteção do grupo é então muito eficiente, não permitindo que forças estranhas se intrometam, e favorecendo vibratoriamente a influência dos bons espíritos.

LEITURA PREPARATÓRIA

"Achamos muito útil abrir as sessões pela leitura de algumas passagens do Livro dos Espíritos e do Livro dos Médiuns."[12]

Allan Kardec
(*RE* 1861, dez. vol. 12, nº 16)

Normalmente, os espíritas têm por norma realizar uma leitura de uma página instrutiva no início das reuniões, justamente para as meditações antes da prece inicial. O objetivo é para que todos os presentes comecem a dirigir seus pensamentos para o assunto da reunião, objetivando a comunhão de pensamentos.

Sabemos que não é fácil acompanhar uma leitura para quem não está acostumado, visto que o pensamento voa logo para outras questões, geralmente do cotidiano. Por isso dizemos que o servidor espírita deve prepara-se antes, todos os dias, para que nesses momentos em que há necessidade da homogeneidade mental, ele esteja apto e capaz de participar.

Para alcançar esse desiderato, há recursos de treinamento que passamos a sugerir como procedimento básico para todos os que realmente se interessem em ser verdadeiros colaboradores espíritas:

Todas as noites e manhãs, ao deitar-se e ao levantar-se, escolha um tema de sua preferência, uma leitura, e medite nela, por uns minutos, até que venha uma quietude íntima; nesse momento, deve-se fazer prece. Se for no horário noturno, deve-se pedir a Deus que envie os bons espíritos para que seu espírito seja conduzido para bons lugares ou lugares de aprendizados, enquanto o corpo repousa; caso seja pela manhã, a prece deve

[12] *O Evangelho segundo o espiritismo* ainda não havia sido publicado.

ser no sentido de solicitar proteção espiritual para as tarefas do dia, inspirações etc. Na prece da noite, pode ser colocado um copo com água, para que seja fluidificado; toma-se a metade e deixa-se a outra para o amanhecer.

Esse procedimento manterá o colaborador espírita sempre apto para uma participação efetiva, além de desenvolver suas percepções anímicas, quando então começa a receber as respostas espirituais pelo pensamento, intuição, vidência ou noção de sua realidade espiritual etc. O certo é que ele estará sempre pronto para a vida e para as tarefas.

Quando da leitura preparatória, ele saberá fazer o verdadeiro recolhimento, como já foi discutido anteriormente. Prestará atenção em cada palavra, em cada significado, em cada conceito, formando em sua mente a ideia principal da leitura realizada.

Essa leitura poderá ser dirigida quando, por exemplo, escolhe-se um livro para ser seguido a partir da primeira lição; poder-se-á abrir à vontade, geralmente pelo dirigente, ou este pede a um médium próximo que o faça.

Nos dois casos, pode-se verificar a atuação espiritual dos bons espíritos cooperadores, pois os assuntos dessas leituras geralmente estão de acordo com os objetivos pertinentes à reunião. É bom que se preste atenção nisso, pois, além da segurança que se consegue, por se verificar que há uma atuação benéfica, geralmente argumento seguro é oferecido para as ocorrências que se darão durante a reunião.

Para observar esse fenômeno, basta que se estabeleça claramente, antes da leitura preparatória, os objetivos e os problemas trazidos para a reunião. Que sejam anotados, bem como o assunto que foi aberto para a leitura. Logo se perceberá que os assuntos estão interligados. Até a prece inicial terá maior fundamentos e direção. Invariavelmente, como podemos provar através dos nossos protocolos, isso se dá em nossas reuniões, sem que tenhamos em nós mesmos essa pretensão, visto que é costume do grupo registrar todas as ocorrências, do início ao fim dos trabalhos.

PRECE INICIAL

> *"Rogamos ao Senhor Deus Todo Poderoso nos enviar Bons Espíritos para nos assistir, afastar aqueles que poderiam nos induzir em erro, e nos conceder a luz necessária para distinguirmos a Verdade da impostura."*
>
> Allan Kardec
> (*O Evangelho segundo o espiritismo*
> Capítulo XXVIII – Nº 6)

Se a preparação dos componentes e da própria reunião foi bem feita, não há porque duvidar da presença de Deus através dos bons espíritos que cumprem a sua vontade soberana. A reunião, então, pode ser aberta com uma prece a Deus ou a Jesus Cristo, que tem sido o Seu embaixador junto à cristandade. Em nossos experimentos, por diversas vezes e por médiuns diferentes, a figura do Cristo foi vislumbrada durante a prece inicial.

Apresentaram-se duas situações: 1 – a prece inicial foi dirigida a Jesus Cristo e Sua figura irradiava luz e força diretamente sobre o grupo; 2 – a prece inicial foi dirigida a Deus e a figura do Cristo foi vista com as mãos levantadas, como se dirigisse também ao Pai a sua prece. Geralmente, nesses dias, importantes tarefas estavam sendo preparadas. Como essas cenas não foram vistas apenas por um médium ou apenas numa oportunidade, ousamos acrescentá-las aqui como um exemplo importante. Mesmo porque, o Espírito de Verdade continua sendo o guia dos verdadeiros espíritas, não tenhamos dúvidas quanto a isso.

Se pedimos a Jesus (ou a Deus) que nos ampare, e temos feito o verdadeiro recolhimento, nenhum obstáculo se anteporá aos nosso intentos, visto que, se abrimos uma reunião em nome dele, presume-se que vivenciamos seus mandamentos e ensinamentos.

A prece inicial deve ser aproveitada ao máximo e, para isso, é necessário que assimilemos a realidade da fortíssima energia que se movimenta durante os momentos em que é proferida. Ela então deve ser dirigida. Como? Da seguinte maneira:

1 – faz-se um roteiro sobre o que se vai falar na prece e todos devem saber o teor dele;

2 – o dirigente pede que todos sigam mentalmente o que está sendo pedido ou dito na prece;

3 – o roteiro deve atender às necessidades da reunião e do grupo:

a – invocar a Deus ou a Jesus Cristo;
b – solicitar proteção para o ambiente da tarefa e que haja a formação do "campo psíquico" coletivo;
c – evocar os bons espíritos, os guias espirituais da reunião, dos médiuns, os instrutores, os médicos, os enfermeiros, os pesquisadores, os vigilantes etc.;
d – pedir pelo grupo ali reunido e pelas tarefas do grupo em andamento (especificar) na Instituição;
e – pedir pelas tarefas programadas para a própria reunião.
f – abrir os trabalhos em nome do Cristo ou de Deus.

Após a prece, ela não deve ser simplesmente esquecida, o dirigente deve perguntar a cada membro ou a cada médium o que sentiu, percebeu ou viu, durante a citação de cada item. Os médiuns não devem sonegar qualquer informação, pois é aí que se estabelecem os vínculos maiores com os espíritos participantes e toda a segurança da reunião. Os resultados, meus amigos, são realmente excepcionais. Experimentem.[13]

[13] Para maior desenvolvimento do tema indicamos o livro *Transe e Mediunidade*.

PRECES DURANTE A REUNIÃO

"O Espiritismo nos faz compreender como os Espíritos podem estar entre nós. Eles aí estão com seu corpo fluídico ou espiritual, e com a aparência que no-los faria conhecer se tornassem visíveis."

Allan Kardec
(*O Evangelho segundo o espiritismo*
Cap. XXVIII – Nº 5)

Evidente que durante a reunião há de acontecer, previsto ou não, algum fato específico que necessite de uma prece dirigida a ele especialmente. Nesse caso, faz-se como foi explicado para a prece inicial. Cita-se o motivo da prece e todos acompanham mentalmente.

Depois da prece, os resultados devem ser imediatamente auferidos, para que não se perca a resposta espiritual conseguida, seja por quaisquer das vias medianímicas ou pela percepção anímica.

Como exemplo, daremos a figura da prece de intercessão por alguém enfermo. O coração de todos deve estar avisado sobre quem é o enfermo, sua ligação ou não com alguém do grupo, seu problema, colocando mesmo a necessidade de movimentar os sentimentos mais nobres em direção ao enfermo. Profere-se a prece, que deve ser feita por aquele que pediu ou pelo dirigente. Após a prece, anotam-se todas as percepções anímicas obtidas. Muitas vezes, consegue-se não só o efeito benéfico sobre o paciente, mas também orientações preciosas para ele.

Pode acontecer também que surja, numa situação qualquer, um espírito necessitando de prece. Ela terá a prece e os resultados percebidos anotados para futuras avaliações.

Todo assunto que merecer uma prece propicia uma oportunidade de aprendizado e o momento deve ser aproveitado. Sempre que isso ocorre numa reunião, há a necessidade de uma prece especial. Como, por exemplo, quando queremos reforço para uma tarefa específica. A prece funciona como canalizadora dos pensamentos, fazendo aumentar o recolhimento e a potência do "campo" psíquico.

Os médiuns têm visto a movimentação energética a partir do campo coletivo e descrevem que uma espécie de feixe luminoso sai e atinge o objetivo; doutras vezes, veem energias luminosas vindas do Alto, potencializando o grupo, partindo deste os raios que se dirigem ao objetivo.

Acontecem pelo menos três importantes resultados:

1 – o grupo é potencializado;

2 – o objetivo (uma pessoa) recebe a ajuda intercessora;

3 – há um vasculhamento (varredura) sobre o objetivo, trazendo informações espirituais precisas dos fatos corpóreos e psíquicos.

PRECE FINAL

"Agradecemos aos bons Espíritos que quiseram vir se comunicar conosco; nós lhes rogamos nos ajudar a pôr em prática as instruções que nos deram, e fazer com que saindo daqui, cada um de nós se sinta fortalecido na prática do bem e do amor ao próximo."

Allan Kardec
(*O Evangelho segundo o espiritismo*
Capítulo XXVIII – Nº 7)

Quando o horário estipulado terminar e todos os assuntos programados tiverem sido atendidos, o dirigente deve certificar-se de que todos os membros estejam bem, principalmente os médiuns, que devem estar despertos e sem nenhum resíduo mental perturbador.

Durante toda a reunião, deve haver sobre a mesa um copo d'água para cada um dos componentes, visando justamente o refazimento das forças psíquicas desprendidas. A água é um bom veículo para as energias e fluidos espirituais, absorve bem todos os fluidos movimentados durante as preces.

O dirigente, ou alguém de sua escolha, profere a prece, que deve ser sempre objetiva e sem rodeios, diretamente relacionada ao assunto. Sugerimos que, nesse caso, seja estipulado também um roteiro.

Sabemos que todos têm problemas familiares e que muitas vezes eles atrapalham nossas vidas relativas aos assuntos espíritas, pelas perturbações que causam. Isso tem uma razão de ser, pois se estamos defendidos pela segurança que a tarefa nos proporciona, os nossos familiares constituem, às vezes, verdadeiras "pontes" de perturbação, utilizadas por espíritos que desejam impedir a tarefa espírita. Assim, um dos itens da prece final deve lembrar os familiares de todos os presentes.

Devem ser lembrados os agradecimentos por todas as realizações cumpridas, seja pelo grupo, nas atividades espíritas, na sociedade, seja as da própria reunião. Depois, o encerramento em nome de Deus ou do Cristo.

É claro que também essa prece não deve ser perdida, há de se dar um tempo para que os médiuns relatem o que de importante foi vislumbrado durante a prece final.

Com esse procedimento, haverá chance de grande interação entre os espíritos e o grupo, pois durante as preces, os canais da mente se abrem para a percepção e recepção das energias espirituais.

VARIEDADE DAS REUNIÕES

"Toda reunião espírita deve, pois, tender para a maior homogeneidade possível. Está entendido que falamos das em que se deseja chegar a resultados sérios e verdadeiramente úteis."

Allan Kardec
(*O livro dos médiuns*
Cap. XXIX, nº 331)

Somos de opinião de que todas as reuniões espíritas devem propiciar a participação dos espíritos, até mesmo as reuniões solenes. Temos participado de solenidades e até mesmo de Congressos Espíritas nos quais não houve, em nenhum momento, chance dos espíritos participarem diretamente.

Com relação às reuniões solenes, não apenas um, mas dois ou três médiuns reconhecidos por seu trabalho mediúnico seguro e cristão devem ser convidados a participar da mesa dos trabalhos. Caso eles tenham alguma percepção anímica ou medianímica adequada ao momento, que a relatem, para que todos possam participar do pensamento da espiritualidade presente. Qual o obstáculo? Nenhum.

As reuniões doutrinárias podem e devem ser conjugadas com a mediunidade; seja através do relato dos médiuns presentes, seja por uma psicografia orientadora. Também tem sido já um costume associar a tarefa do passe e da água fluidificada a essa reuniões, o que consideramos muito bom. Não se percam, porém, essas forças. O passista que perceber algum problema naquele que recebeu o passe deve imediatamente comunicar o fato ao dirigente das tarefas, para as providências necessárias.

Nas reuniões próprias para desobsessão, o controle dos casos deve ser rigoroso, com acompanhamento eficaz, não se esquecendo que, na maioria das vezes, o paciente precisa também de acompanhamento médico ou de um psicólogo. A vigilância dos membros encarnados deve ser dobrada. Uma tarefa de desobsessão pode ser feita especificamente ou no bojo de uma reunião mediúnica de aspecto geral, mas que tenha o devido acompanhamento, passo a passo. A desobsessão é um complexo, não apenas uma reunião para conversar com os espíritos. O paciente e seus familiares devem ser orientados para procedimentos evangelizados, tanto individuais, quanto familiares. Os médiuns devem ser observados, para que não se deixem fascinar pelos obsessores. Esse assunto deve ser objeto de um estudo à parte.

As reuniões de efeitos físicos e de materializações devem ser programadas, se há médiuns específicos para tal. Elas podem ser realizadas para estudos e pesquisas, como para tratamento de diversas enfermidades, dependendo do tipo de fluidos emitidos, mas nunca sem um objetivo superior.

Conforme a necessidade que se apresente para o grupo e se ele tiver potencial para curar, então, é possível pensar numa reunião para esse fim, e o ambiente deve ser adequado para receber os pacientes. Aliás, conforme as necessidades, a instituição deve se adequar para seus eventos, quaisquer que sejam.

Com o objetivo de obter orientações espirituais, também é possível realizar uma reunião específica. Contudo, toda força desprendida deve estar sob controle, porque, nesse caso, a reunião vai trabalhar com uma diversidade enorme de problemas humanos e espirituais. Todos os assuntos pertinentes à reunião devem estar previamente protocolados, sob absoluto controle do dirigente, que no final reunirá as informações sobre cada caso e dará o encaminhamento necessário.

Um outro tipo de reunião é aquela em que muitos procuram o recurso do magnetismo curador. São as reuniões de passes e irradiações. Essas reuniões podem ser compostas da seguinte maneira:

1 – entrevistas com os que buscam ajuda;

2 – uma pequena preleção (15 min);

3 – passes diretamente no paciente que veio buscar ajuda;

4 – água fluidificada;

5 – momentos de irradiação mental para enfermos distantes que não puderam vir à reunião;

6 – um caderno de preces, para que os nomes dos que precisam de ajuda possam ser anotados com sentimento caridoso e com objetivo de prece intercessória. A força que evoca ajuda espiritual é o sentimento de fé e caridade.

Temos, ainda, a chamada reunião de desenvolvimento mediúnico, que, aliás, só deve ser realizada em grupos que não têm ainda médiuns produtivos ou tenham poucos médiuns, pois a observação científica demonstra que os médiuns que estão aprendendo a utilizar suas forças devem ser colocados em reuniões em andamento, na quais serão potencializados pelos médiuns já educados em suas forças e procedimentos. Uma excelente reunião para o médium desenvolver-se (aprimorar-se) é a de passes e irradiações; ali vai aprender a lidar com diversas forças favoráveis e contrárias, comparando-as com as suas próprias. Mas tudo vai depender da variedade mediúnica que apresenta, aí será encaminhado para essa ou aquela reunião, sempre em caráter experimental, não se pode esquecer esse detalhe.

Sugerimos a reunião de apoio e sustentação das tarefas do grupo. Essa irá favorecer a nossa própria desobsessão, nos dará forças e ânimo novo, e haverá oportunidade para solicitação de recursos espirituais para os trabalhadores em particular e para os setores da instituição que apresentem dificuldades. Todas as tarefas a serem programadas devem receber preces antecipadas, para que os responsáveis não façam o empreendimento sem antes saberem das implicações favoráveis e contrárias, e tenham chance de providenciar a retirada dos empecilhos espirituais e materiais. Isso é importante. Os efeitos dessa reunião são bem patentes e visíveis.

As pesquisas não precisam propriamente de uma reunião, é só preparar um projeto dentro das potencialidades do grupo e seguir protocolarmente o programa traçado com seus objetivos, metas e métodos. Não há dificuldades nisso também. Os investigadores, caso já não os tenham em seu currículo, devem fazer cursos de Metodologia da Pesquisa e outros correlatos, visto que é necessário que se saiba consultar as referências literárias, trabalhar com os recursos de avaliação e controle dos dados, bem como outros procedimentos.

AVALIAÇÃO DOS PROCEDIMENTOS

> *"Assim, pois, a inteligência prévia (teoria) dos fatos não só coloca as pessoas em condições de se aperceberem de todas as anomalias, mas também de aprenderem um sem-número de particularidades, de matizes, às vezes muito delicados, que escapam ao observador ignorante."*
>
> Allan Kardec
> (*O livro dos médiuns*
> Cap. III, nº 34)

Essa avaliação só é possível se o esforço empregado estiver sob controle absoluto dos dirigentes. Para tal, as reuniões devem estar programadas antecipadamente, inclusive com previsão para os chamados imprevistos.

Os atendimentos aos enfermos e a outros problemas humanos devem estar em prontuários preparados anteriormente. Cada caso merece atenção particular com todas as orientações pertinentes anotadas.

Todos os assuntos trabalhados devem ser devidamente registrados, seja em pequenas atas ou gravados, para que no final de certo período, seis meses a um ano, seja feito um mapa estatístico. Só assim será possível uma verdadeira avaliação.

Por outro lado, cada médium também deve ser acompanhado e orientado para que retifique suas dificuldades. Não há médium perfeito nem principal, todos temos deficiências e, sob controle, elas aparecem. Não podemos nos enganar quanto a isso. Os médiuns que não se submeterem às orientações educadoras e necessárias por orgulho, melindre ou qualquer fator assim, devem ser afastados, pois trarão mais perturbação que colaboração. Esse assunto já foi discutido em páginas anteriores.

Aliás, esses médiuns acabam por se afastar por conta própria, visto que não podem, de uma maneira ou de outra, estabelecer sobre o investigador e os demais membros o seu ritmo sacerdotal e a supremacia de suas próprias orientações.

A cada período devem ser realizadas observações quanto ao tipo de orientações recebidas, na sua qualidade em letras e sentimento; o tipo de espíritos atendidos; a natureza dos males dos pacientes e dos espíritos sofredores e imperfeitos e os resultados obtidos. A estatística mostrará os erros e os acertos que devem sofrer a crítica construtiva de todos, visto que não há chefes ou mestres, e sim cooperadores.

É imperioso qualificar os objetivos, se foram atingidos ou não, o porquê, o que há para melhorar etc. Daí serão possíveis duas coisas: o acompanhamento do desenvolvimento dos médiuns em particular e a verificação do verdadeiro potencial medianímico do grupo. Isso possibilita uma atuação consciente junto às forças espirituais. Mas, devemos lembrar, essa avaliação só é possível se os componentes do grupo souberem exatamente com que tipo de ciência estão lidando, tiverem consciência da natureza das forças em movimento e um conhecimento teórico razoável.

EDUCAÇÃO MEDIÚNICA

"Qual o médium que se poderia qualificar de perfeito?

"Perfeito, ah! Bem sabes que a perfeição não existe na terra, sem o que não estaríeis nela. Dize, portanto, bom médium e já é muito, por isso que eles são raros. Médium perfeito seria aquele contra o qual os maus Espíritos jamais ousassem uma tentativa de enganá–lo. O melhor é aquele que, simpatizando somente com os bons Espíritos, tem sido o menos enganados."

Allan Kardec
(*O livro dos médiuns*
Capítulo XX – Pergunta 9ª)

Em qualquer etapa de um processo educativo consciente é preciso que haja um acompanhamento, mesmo que elementar, que haja um método a ser seguido, um sistema de repetição da prática, uma avaliação competente, além das bases teóricas essenciais.

Na mediunidade não pode ser diferente, visto que se trata de uma faculdade humana e como tal precisa de aprimoramento. O chamado "desenvolvimento da mediunidade" é, na verdade, o seu aprimoramento. Primeiro, aparece no indivíduo médium algum tipo de transe, reconhecido pelas características que apresenta; aí então, ele pode dar início ao uso da variedade medianímica que vem apresentando.

É um erro desejar essa ou aquela variedade da mediunidade, visto que a espera ansiosa pode bloquear o que deveria ser natural. As condições para que se dê oportunidade ao surgimento da mediunidade já foram estudadas no capítulo "Seriedade dos Trabalhos". O importante, aqui, é, justamente, expor uma sistemática, mesmo que simples, para o acompanhamento da evolução da atuação de um médium:

1 – Considerar todos os médiuns desenvolvendo-se em alguma variedade medianímica, visto que ninguém, neste mundo, é perfeito. Devem ser evitados os médiuns que se consideram prontos e infalíveis;

2 – Valorizar mais a percepção psíquica que os canais medianímicos em qualquer variedade mediúnica que se apresente;

3 – Definir bem o grau de percepção e os canais de comunicação do médium, utilizando-se dos recursos de avaliação disponíveis, tais como acompanhamento sob protocolo, nos quais devem ser anotados todos os resultados obtidos, após registro anamnésico e informações sobre o que ele realmente consegue fazer, e não o que disse poder realizar. Veja o protocolo adiante;

(**Observação**: Se o médium for dado a melindres, deve melhorar-se nesse aspecto antes de qualquer atividade de desenvolvimento, visto que corre perigo de sintonizar-se com emissões mentais depressivas.)

4 – Favorecer a potencialização das variedades medianímicas que se apresentem, possibilitando a oportunidade de exercícios junto a outros médiuns já desenvolvidos;

5 – Garantir ao médium que entenda perfeitamente a mediunidade como um recurso psíquico que deve ser útil e canalizado para objetivos nobres, nunca desperdiçado. Os Espíritos sérios nada fazem que não tenha uma finalidade útil, conforme já definiu o espirito Erasto para Kardec;

6 – O médium deve ser educado (treinado) para canalizar seus potenciais, especializando-os cada vez mais, adquirindo competência para ser mais útil e verdadeiro;

7 – Instruir o médium para o exercício da meditação visando o seu autoconhecimento, definindo melhor seus próprios pensamentos e diferenciando as vibrações mentais que lhe chegam do exterior;

8 – O médium deve desenvolver a sua percepção anímica para que saiba tudo sobre a mensagem que recebe: quem emitiu, de onde veio, se é sincera, se é verdadeira, se é útil, se é oportuna etc.;

9 – O médium deve ter critérios e bom senso em suas revelações. Nem sempre elas podem ser ditas, com o risco de serem consideradas irresponsáveis e intempestivas, em certos casos;

10 – Devem fazer parte da vida do médium a boa leitura, a meditação, a oração e a vigilância, sem falar na prática de todas as virtudes preconizadas pelo Cristo.

APTIDÕES MEDIANÍMICAS

> *"Geralmente, os médiuns têm uma aptidão especial para os fenômenos desta, ou daquela ordem, donde resulta que formam tantas variedades, quantas são as espécies de manifestações."*
>
> Allan Kardec
> (*O livro dos médiuns*
> Cap. XIV, nº 159)

É possível a realização de uma investigação das grandezas medianímicas entre as pessoas que frequentam o grupo espírita e, mesmo, detalhar, especificamente, as forças que podem ser encontradas no grupo.

Baseado no quadro sinóptico das variedades mediúnicas contido em *O livro dos médiuns*, foi realizado um inquérito entre as pessoas que se diziam médiuns ou que eram reconhecidamente médiuns, para justamente detectar suas potencialidades e experimentá-las. Essa investigação teve por objetivo esclarecer a amplitude da capacidade medianímica emergente nessas pessoas, que diziam ou demonstravam ser capazes de receber e interpretar a influência de espíritos.

A premissa para essa pesquisa foi a evidência de que a mediunidade desponta de um modo polimórfico, embora à primeira vista possa parecer que haja sempre uma variedade dominante.

Cada indivíduo recebeu um questionário para simples preenchimento, procurando responder com bastante critério, mais próximo da realidade possível, podendo assinalar mais de uma indicação por questão apresentada. Eles sabiam que seriam checados posteriormente. Após esta etapa, os dados colhidos foram catalogados e os resultados analisados e dispostos em tabelas e gráficos demonstrativos. Na medida do possível, cada médium foi testado na capacidade que disse ter em relação à produção fenomênica, e muitos deles foram aproveitados em pesquisas e outros passaram a fazer parte do grupo de pesquisa medianímica do CIPES.

Segue uma cópia do protocolo de pesquisa empregado, depois os dados computados e a discussão.

Agradecemos a participação de Maria da Glória Fernandes de Jesus pelo trabalho minucioso de computação dos resultados e cálculo dos dados em tabelas.

2ª PARTE

PRÁTICA

PROTOCOLO DE PESQUISA

Quadro sinóptico das aptidões medianímicas de pessoas reconhecidamente médiuns

Assinale com um X as aptidões mediúnicas que você vem apresentando de modo **eventual**, com um Y as mais **frequentes** e com Z aquela que considera a sua **especialidade** (especialista, isto é, ostensivamente médiuns nessa ou naquela variedade).

01 – VOCÊ SENTE A PRESENÇA DOS ESPÍRITOS [ ] E ISSO LHE CAUSA MEDO [ ] CALAFRIOS [ ] CALOR [ ]

02 – TEM INSPIRAÇÕES [ ] LITERÁRIAS [ ] ÚTEIS [ ] POÉTICAS [ ]

03 – TEM INTUIÇÕES [ ] CLARAS [ ] RECONHECE QUEM O INTUIU [ ]

04 – VÊ OS ESPÍRITOS [ ] RECONHECE AS INTENÇÕES DELES [ ]

05 – OUVE OS ESPÍRITOS [ ] NO SEU OUVIDO [ ] DENTRO DA CABEÇA [ ]

06 – VÊ E OUVE OS ESPÍRITOS [ ]

07 – VÊ CENAS FORA DO SEU ALCANCE VISUAL [ ] CENAS ESPIRITUAIS [ ]

08 – VOCÊ CONVERSA COM OS ESPÍRITOS [ ] QUANDO ISSO ACONTECE VOCÊ PODE TOCÁ-LOS [ ]

09 – OS ESPÍRITOS FALAM POR SEU INTERMÉDIO (PSICOFONIA) [ ] VOCÊ RECEBE A INTUIÇÃO E FALA [ ] VOCÊ SIMPLESMENTE FALA SOB IMPULSO ESTRANHO [ ] VOCÊ FALA ENQUANTO PENSA OUTRA COISA [ ]

10 – OS ESPÍRITOS ESCREVEM POR SEU INTERMÉDIO (PSICOGRAFIA) [ ] RECEBE INTUIÇÃO E ESCREVE [ ] SIMPLESMENTE ESCREVE SOB IMPULSO ESTRANHO [ ] ESCREVE ENQUANTO PENSA OUTRA COISA [ ]

11 – OS ESPÍRITOS FAZEM GESTOS POR SEU INTERMÉDIO (INCORPORAÇÃO OU PSICOPRAXIA [ ] FAZEM GESTOS E FALAM [ ] ENQUANTO FALAM VOCÊ PODE ESCREVER [ ]

12 – QUANDO MEDIUNIZADO VOCÊ FICA: CONSCIENTE [ ] SEMI–CONSCIENTE [ ] INCONSCIENTE [ ]

13 – QUANDO MEDIUNIZADO VOCÊ ESCREVE [ ] OU FALA [ ] POR IMPULSÃO INTUITIVA [ ] DE MODO SEMI-MECÂNICO [ ] MECANICAMENTE [ ] SUA ESCRITA MUDA [ ] LÍNGUAS DIFERENTES E DESCONHECIDAS SUAS [ ] DE MODO INTELIGÍVEL [ ]

14 – PRODUZ PINTURAS OU DESENHOS [ ]

15 – COM RELAÇÃO À MÚSICA [ ] POESIA [ ] PROSA LITERÁRIA [ ] PRESCRIÇÕES MÉDICAS [ ] MELODICAMENTE VOCÊ EXECUTA [ ] COMPÕE [ ] ESCREVE [ ]

16 – SUAS MENSAGENS MEDIÚNICAS SÃO CALMAS [ ] VELOZES [ ] HISTÓRICAS [ ] CIENTÍFICAS [ ] FILOSÓFICAS [ ] MORAIS [ ] RELIGIOSAS [ ]

17 – VOCÊ PRODUZ MOVIMENTOS DE CORPOS INERTES [ ]

18 – VOCÊ PODE PROVOCAR APARIÇÕES TANGÍVEIS DE ESPÍRITOS [ ]

19 – PRODUZ TRANSPORTE DE OBJETOS [ ]

20 – EM SUA PRESENÇA OCORRE ESCRITA DIRETA [ ] COM APARIÇÃO DE MÃOS ECTOPLASMÁTICAS [ ] AS LETRAS SURGEM NO PAPEL [ ]

21 – EM SUA PRESENÇA VOZES SÃO OUVIDAS NO AMBIENTE [ ] SURGEM SONS OU ESTALIDOS [ ]

22 – EM SUA PRESENÇA OS APARELHOS DOMÉSTICOS COMEÇAM A FUNCIONAR SOZINHOS [ ] GRAVADORES CAPTAM AS VOZES DOS ESPÍRITOS [ ] APARECEM CENAS ESPIRITUAIS NO VÍDEO [ ]

23 – VOCÊ TEM O PODER DE CURAR OU ALIVIAR DOENTES PELA IMPOSIÇÃO DAS MÃOS [ ] PELA PRECE [ ]

24 – VOCÊ CONSEGUE DESDOBRAR-SE (SAIR DO COR-PO) [ ] VOCÊ VÊ O SEU CORPO [ ] DO CORPO VOCÊ VÊ O SEU DUPLO [ ] VOCÊ VIAJA PSIQUICAMENTE [ ] APENAS VÊ OS LUGARES ONDE VAI [ ] PARTICIPA DE EVENTOS ESPIRITUAIS [ ] CHEGA AO ÊXTASE [ ] FAZ ISSO DE MODO ESPONTÂNEO [ ] OU ALGUM SER ESPIRITUAL

LHE AJUDA [ ] VOCÊ É VISTO EM DOIS LUGARES AO MESMO TEMPO [ ]

25 – FAZ PROFECIAS (PRECOGNIÇÃO) [ ] PRESSENTE OS ACONTECIMENTOS [ ] VÊ CENAS DO FUTURO [ ] NO PASSADO [ ] TEM AVISOS [ ]

26 – AO TOCAR NUM OBJETO VOCÊ SABE A QUEM ELE PERTENCE [ ] ONDE SEU DONO ESTÁ [ ] E COMO ELE ESTÁ [ ]

27 – AO ENTRAR NUM AMBIENTE VOCÊ VÊ OU PERCEBE CENAS ALI ACONTECIDAS [ ]

28 – AS MANIFESTAÇÕES PSÍQUICAS QUE ACONTECEM COM VOCÊ OU NA SUA PRESENÇA SÃO ESPONTÂNEAS [ ] OU VOCÊ PODE PROVOCÁ-LAS [ ]

29 – VOCÊ SE CONSIDERA UM MÉDIUM: SÉRIO [ ] MODESTO [ ] DEVOTADO [ ] SEGURO [ ] PRODUTIVO [ ] INSIPIENTE [ ] DISCIPLINADO [ ]

30 – SEXO: MASCULINO [ ] FEMININO [ ] IDADE: ___
RAÇA: NEGRA [ ] BRANCA [ ] AMARELA [ ] MULATO [ ] ÍNDIO [ ] MESTIÇO [ ]

31 – VOCÊ ESTAVA COM QUE IDADE QUANDO SUA MEDIUNIDADE SURGIU?

____

32 – SUA PROFISSÃO DE FÉ: ____________________

33 – SUA MEDIUNIDADE MANIFESTA-SE:

APENAS NO CENTRO ESPÍRITA, NA HORA DA SESSÃO [ ] ESPONTANEAMENTE EM MOMENTOS EM QUE ELA PODE SER ÚTIL [ ] NÃO TEM HORA CERTA [ ] INCOMODA OU ATRAPALHA SUA VIDA [ ] E A DOS OUTROS [ ] É SOCIALMENTE ÚTIL [ ]

34 – OUTRAS CONSIDERAÇÕES OU OBSERVAÇÕES QUE QUEIRA FAZER:

NOTA: Em caso de dúvida, leia com atenção o Capítulo XVI de *O livro dos médiuns*, de Allan Kardec.

ATENÇÃO

Se for da sua vontade identificar-se, preencha o formulário abaixo e você estará formalmente matriculado no CIPES para futuras pesquisas ou consultas.

FICHA DE CADASTRO

NOME: ______________________________

SEXO: __________ IDADE: ______________

ENDEREÇO: __________________________

TELEFONE: __________________________

FILIAÇÃO: ___________________________

____

INSTIT. ESPÍRITA QUE FREQUENTA: ________

____

ENDEREÇO DA INSTITUIÇÃO: ____________

____

_______________________ ____/____/____

(assinatura) (data)

RESULTADOS:

Estes resultados são baseados em um total de 72 (setenta e duas) entrevistas, sendo 21 (vinte e um) homens e 51 (cinquenta e uma) mulheres.

QUADRO 1 – PERCEPÇÕES PSÍQUICAS APENAS EM NÍVEL MENTAL

Médiuns	Eventuais	Frequentes	Especialistas	Total	% (*)
Telepáticos	24	04	01	29	40,2
Inspirados	39	06	08	53	73,6
Intuitivos	44	12	07	63	87,5
De pressentimentos	22	01	03	26	36,1
Proféticos	05	01	02	08	11,1

(*) Percentual considerado sobre o total de 72 questionários.

Das percepções de trânsito literalmente mental, sem nenhum reflexo ligado aos sistemas sensoriais ou motores do cérebro, foi encontrada uma diversidade de resultados segundo o grau, a intensidade e o objetivo do fenômeno psíquico. No quadro 1, considerando-se mais de uma aptidão por indivíduo, é possível observar: 29 pessoas acusaram obter algum fenômeno de telepatia, apenas 5,5% de modo frequente e 13% considerou-se especialista (aquele que sabe fazer o transe); 53 pessoas disseram-se inspiradas de algum modo, isso foi frequente em apenas 8,3% e os especialistas foram 11,1%; dos intuitivos, obtiveram-se 63 casos afirmativos, com 16,6% dizendo que a intuição neles é frequente; apenas 9,7% disseram-se especialistas na especificidade de pressentimentos; 26 pessoas disseram possuir essa aptidão, dessas, 1,3% têm pressentimentos frequentes e 4,1% de modo permanente.

Quanto à profecia (premonição, presciência, precognição) propriamente dita, apenas 8 (11,1%) dos indivíduos afirmaram possuir essa variedade medianímica e 2 (2,7%) tiveram seus nomes separados para futuras averiguações.

QUADRO 2 – PERCEPÇÕES SENSORIAIS

Médiuns	Eventuais	Frequentes	Especialistas	Total	% (*)
Audientes	29	05	03	37	51,3
Videntes	22	05	01	28	38,8

(*) Percentual considerado sobre o total de 72 questionários.

Considerando esse grupo, em que as pessoas, de um modo isolado ou considerando possuir as duas variedades psicossensoriais, audiência e vidência, 51,3% disseram que ouviam os espíritos ou sons espirituais, mas apenas 4,1% consideram-se médiuns dotados dessa variedade medianímica. Dos 38,8% que declararam ver os espíritos, 1,3% acham-se médiuns videntes, um índice não esperado, pois essa variedade parece ser comum. Entretanto, numa pesquisa mais particular, os médiuns, quase em sua totalidade, diziam não ver, propriamente dito, mas "saber" (criptestesia). É um campo de pesquisa em aberto. Veja os nossos trabalhos *Dicionário de Filosofia Espírita* e *Transe e Mediunidade*.

No caso da audição medianímica, seria preciso uma divisão didática, pois não há uma fronteira fixa e estanque entre uma sensação e outra. Há pelo menos três tipos de audição psíquica: 1 – o médium escuta como se houvesse uma pessoa conversando com ele; 2 – os sons lhe chegam como se sofressem uma estática, como num rádio mal sintonizado ou sofrendo perturbações atmosféricas; 3 – ouve a voz espiritual "dentro da cabeça", seria uma forte e clara intuição que o médium define como se alguém falasse com ele.

Na vidência, temos também algumas características que indicamos para estudos futuros: 1 – o médium vê os espíritos ou cenas espirituais, mas não sabe definir porque está tendo aquela visão, apenas vê; 2 – o médium vê os espíritos e recebe sua mensagem, mentalmente, ou como se o ouvisse falando, é uma associação, vidência com audição; 3 – numa mediunidade mais completa, há médiuns que pressentem o que irão ver, sabem das intenções de quem se aproxima, definem bem toda a situação espiritual que envolve o espírito, encarnado ou desencarnado. Há uma visão com a criptestesia associada. A esse conjunto de clareza perceptiva poder-se-ia chamar *clarividência*, diferenciando da vidência pura e simples.

Na variedade criptestésica (sensibilidade ao oculto, da Metapsíquica),[14] o médium não vê nem ouve, ele apenas sabe. Esse saber é certeiro, pois que é o espírito do médium que percebe e analisa o que está ocorrendo. Raramente falha, pois sua alma é que está vendo e sabendo das coisas.

Em todas essas variedades, principalmente essas sensoriais, cada médium as tem ao seu alcance psíquico, por isso é que tem momentos que todos veem a mesma coisa e outras vezes uns veem e outros não. Em nossos experimentos, muitas e muitas vezes, sob rigoroso controle, pedimos a um médium, em separado, que procurasse perceber determinado objetivo. Depois o médium era inserido no grupo e era pedido a mesma coisa para todos. Fatos importantes acontecem, quando há formação de um campo de forças psíquicas entre vários médiuns: 1 – todos veem a mesma coisa em níveis de percepções diversos; aquele que estava sozinho é potencializado e passa a perceber muito mais que antes; um médium completa a percepção do outro. Daí, sempre deve haver o cuidado de não dar importância mais a um médium que a outro. Todas as percepções têm o seu devido valor no contexto a ser analisado.

QUADRO 3 – MÉDIUNS PSICOMOTORES (PSICOGRAFIA)

Psicógrafos	Eventuais	Frequentes	Especialistas	Total	% (*)
Intuitivos	13	08	08	29	40,2
Semimecânicos	08	—	—	08	11,1
Mecânicos	1	—	—	01	1,39

(*) Percentual considerado sobre o total de 72 questionários.

No caso dos médiuns psicógrafos, o quadro 3 mostra o esperado: os psicógrafos intuitivos são em maior número (40,2%); depois, em índice decrescente, os semimecânicos (11,1%), ape-

[14] L. Palhano Jr. – *Dicionário de Filosofia Espírita* – Criptestesia

nas eventualmente; os mecânicos (1,39%) também eventualmente, quando estão psicografando. Há, aqui, uma verdade: os médiuns psicógrafos mecânicos são raros, embora muitos queiram parecer que apresentam essa especialidade. Intuitivo ou não, o que interessa, no fundo, é se a mensagem é fiel ao pensamento do espírito que se manifesta e se é uma mensagem útil.

Os psicógrafos especialistas foram apenas 8 (11,1%), mas só intuitivos. Alguns psicógrafos (8,3%) afirmaram que em alguns momentos obtiveram mudança de caligrafia em suas mensagens e outros (6,9%) conseguiram testes xenoglóssicos.

O que verificamos é a capacidade de transe que varia de cada um e em cada oportunidade, de acordo com o organismo e o estágio mental dos médiuns, que podem estar mais ou menos receptivos. Um médium psicógrafo intuitivo pode mudar a caligrafia sem o perceber, segundo a interação que há entre ele e o espírito em dado momento. Acreditamos que ainda há muito mais a ser pesquisado nesse campo, como em outros da medianimidade. Podem acreditar, as pesquisas, podemos dizer, ainda nem começaram verdadeiramente, estamos ensaiando os primeiros passos.

QUADRO 4 – EFEITOS PSICOMOTORES (PSICOFONIA)

Psicofônicos	Eventuais	Frequentes	Especialistas	Total	% (*)
Intuitivos	18	08	17	43	59,7
Semi-mecânicos	—	05	09	14	19,4
Mecânicos	09	02	01	12	16,6

(*) Percentual considerado sobre o total de 72 questionários.

Nessa variedade dos médiuns psicofônicos, houve uma significativa diferença com relação ao quadro dos psicógrafos. Os intuitivos somaram 43 (59,7%); os semimecânicos foram 14 (19,4%) e os que disseram possuir a variedade mecânica foram 12 (16,6%), mas, desses médiuns todos, apenas 27 (37,5%) disseram-se especialistas e, destes, apenas 9 eram semimecânicos sempre e 1 mecânico. Os médiuns mecânicos, aqui, ainda estão em minoria absoluta e são realmente os mais raros. As características, quanto à ação psíquica, são as mesmas para todas as variedades motoras, variando apenas o órgão e o canal medianímico a ser utilizado. Isso depende apenas da organização do aparelho mediúnico.

QUADRO 5 – EFEITOS PSICOMOTORES (PSICOPRAXIA[15] OU AÇÃO PSÍQUICA, MAIS CONHECIDOS POR "INCORPORAÇÃO")

Médiuns	Eventuais	Frequentes	Especialistas	Total	% (*)
Associado com psicofonia	16	05	02	23	31,9
Mecânicos	02	—	—	02	2,7

(*) Percentual considerado sobre o total de 72 questionários.

Quase todos que apresentaram essa variedade (31,9%) disseram que esse fenômeno ocorre com eles sempre associado à psicofonia, apenas 2 (2,7%) consideram-se mecânicos, quando, então, temos uma maioria intuitiva ou semimecânica, considerando que esse transe psicopráxico é global, com quase todas ou todas as áreas motoras do cérebro dissociadas e aproveitadas para representar o pensamento do Espírito que se manifesta. Temos, no entanto, visto muitos casos de psicopraxia sem que necessariamente houvesse psicofonia, pois os médiuns representavam apenas as dores e os trejeitos das individualidades que se manifestavam, umas vezes como se estivessem sentindo frio, ou mesmo queimando-se, gemendo, e até mesmo contorcendo-se. Não diziam palavra alguma.

QUADRO 6 – INTENSIDADE DO TRANSE MEDIÚNICO SEGUNDO O NÍVEL DE CONSCIÊNCIA (MEMÓRIA DO QUE OCORREU)

Médiuns	Eventuais	Frequentes	Especialistas	Total	% (*)
Consciente (transe superficial)	23	07	12	42	58,3
Semiconsciente (transe hipnogógico)	11	03	03	17	23,6
Inconsciente (transe profundo)	04	—	—	04	5,5

(*) Percentual considerado sobre o total de 72 questionários.

[15] L. Palhano Jr. – *Dicionário de Filosofia Espírita* – Psicopraxia.

Temos no Quadro 6 uma realidade estatística: a maioria dos médiuns faz um transe superficial, participando conscientemente de todo o fenômeno. Considerando o total, 58,3% são conscientes; 23,6% fazem semi-consciência, permanecendo meio sonolentos durante o transe; apenas 5,5% disseram que não se lembravam de nada, após o transe, mas que isso acontecia mentalmente. Temos o transe profundo como um fenômeno mais raro, mesmo assim, acontecendo eventualmente e não sempre que os médiuns se colocavam para o trabalho mediúnico. Por incrível que pareça, muitos há que pensam ser bons médiuns porque ficam inconscientes no transe. É um erro conceitual que leva a um comportamento incompatível com a realidade, muitas vezes acontecendo de o médium dizer que não se lembra de nada apenas para ficar mais confiável diante dos outros.

QUADRO 7 – POSSIBILIDADES DE PRODUZIR CURAS PSÍQUICAS.

Operacional	Eventuais	Frequentes	Especialistas	Total	% (*)
1) Pelo passe	17	07	10	34	47,2
2) Pela prece	21	09	04	34	47,2

(*) Percentual considerado sobre o total de 72 questionários. 1) 8 homens e 26 mulheres; 2) 7 homens e 27 mulheres

Tanto pelo passe quanto pela oração, homens e mulheres se igualaram na possibilidade de curar pelas energias mediúnicas. Consideraram-se especialistas na cura pelo passe 13,8% e 5,5% na cura pela prece. Isso pode sugerir que a energia diretamente aplicada no passe, que no caso dos espíritas está sempre associado à prece, parece alcançar maior efeito. A prece, principalmente em conjunto, tem muito valor.

QUADRO 8 – EMANCIPAÇÃO DA ALMA PELO TRANSE PSICODISSOCIATIVO DO DESDOBRAMENTO PSÍQUICO, SAÍDA CONSCIENTE DO CORPO E PROJEÇÃO DO CORPO ESPIRITUAL

Médiuns	Eventuais	Frequentes	Especialistas	Total	% (*)
Vê o seu corpo	21	01	02	24	33,3
Vê o seu duplo	03	02	01	06	8,3
Viaja psiquicamente	18	03	05	26	36,1
Apenas vê lugares	12	02	01	15	20,8
Entra em êxtase	02	—	01	03	4,2
Participa de eventos	15	04	02	21	29,2
É ajudado pelos Espíritos	09	03	02	14	19,4

(*) Percentual considerado sobre o total de 72 questionários.

O Quadro 8 mostra que apenas 19,4% se sentem auxiliados por espíritos, no caso seriam os médiuns propriamente, e os demais entram em transe espontaneamente, transe anímico. O êxtase, um fenômeno anímico raro, foi confirmado aqui com a baixíssima taxa de 3 (4,2%), sendo que apenas 1 (1,3%) achou-se extático, os outros apenas eventualmente fazem esse transe. A fronteira entre o anímico e o mediúnico é uma medida difícil, podemos dizer, impossível. Sempre há espíritos que nos secundam em nossas ações. Daí, o termo medianímico ser bem apropriado. Mas todos são da fenomenologia espírita.

QUADRO 9 – MÉDIUNS PROFÉTICOS, QUE FAZEM PREDIÇÕES.

Operacional	Eventuais	Frequentes	Especialistas	Total	% (*)
Pressente os acontecimentos	22	01	03	26	36,1
Vê cenas do futuro	09	01	03	13	18,1
Vê cenas do passado	07	04	01	12	16,7
Tem avisos	19	03	03	25	34,7

(*) Percentual considerado sobre o total de 72 questionários.

Uma boa percentagem dos médiuns disse ter alguma variedade profética em suas possibilidades anímicas. Contudo, somente 10 médiuns (13,8%) disseram-se especialistas nessa modalidade. O Quadro 9 é rico em informações, mostrando que, além do futuro, há também uma espécie de retropsicoscopia, quando o sensitivo tem visões do passado. Nesse caso, se essas cenas surgem mediante um estímulo, tem-se o fenômeno de "psicometria retroativa." Entramos melhor nessa questão no nosso trabalho, publicado pela Lachâtre, *Viagens psíquicas no tempo*, em que tivemos a oportunidade de elaborar mais a questão do uso do tempo como uma energia que permite a duração e a sucessão das coisas. Veja também *A gênese, os milhares e as predições segundo o espiritismo*, de Allan Kardec, Cap. VI, p 103.

QUADRO 10 – ASPECTOS MORAL E PRODUTIVO

Médiuns	Eventuais	Frequentes	Especialistas	Total	% (*)
Sérios	25	03	08	36	50,0
Seguros	09	04	03	16	22,2
Modestos	33	03	03	39	54,1
Disciplinados	21	03	06	30	41,6
Devotados	17	04	01	22	30,5
Produtivos	07	02	01	10	13,8
Insipientes	07	—	—	07	9,7

(*) Percentual considerado sobre o total de 72 questionários.

O Quadro 10 está evidenciando o grande problema encontrado pelos médiuns para seguirem um caminho sério e seguro para que suas faculdades medianímicas sejam consideradas plenamente úteis por eles mesmos. Pouquíssimos se consideram produtivos, mais por falta de sistema de avaliação e por uma diretiva com objetivos bem traçados. A modéstia, a disciplina e o devotamento também constituíram problemas, visto que os índices discriminados no quadro 10, acima, estão muito abaixo do que se espera no médium espírita.

QUADRO 11 – PRODUÇÕES MEDIANÍMICAS NA ARTE.

Modalidade	Eventuais	Frequentes	Especialistas	Total	% (*)
Música	06	01	02	09	12,5
Pintura	05	02	01	08	11,1
Poesia	17	01	—	18	25,0
Prosa	09	—	01	10	13,8
Letristas	02	—	01	03	4,1
Escreve Música	05	—	02	07	9,7
Interpreta e executa música	03	—	01	04	5,5

(*) Percentual considerado sobre o total de 72 questionários.

Na Arte, de um modo geral, são poucos os que se consideram médiuns. Normalmente os artistas são inspirados naquilo que fazem de melhor. No caso dessas pessoas que se consideram médiuns, porque sabem que aquela arte vem dos espíritos, verifica-se, conforme o Quadro 11, que foram poucos, e a maioria que assim se considerou, disse que eram ocorrências ocasionais. Poucos foram os que se consideraram especialistas em algum tipo de arte mediúnica. Na verdade, esses médiuns são raros e quando aparecem, são valorizados pela curiosidade dos fenômenos ou pela produção capaz de ser editada.

QUADRO 12 – ESPECIALIDADE DAS PRODUÇÕES MEDIANÍMICAS

Médiuns	Eventuais	Frequentes	Especialistas	Total	% (*)
Calmos	27	03	06	36	50,0
Velozes	09	—	04	13	18,1
Históricos	02	—	01	03	4,1
Científicos	03	01	—	04	5,5
Filosóficos	09	01	—	10	13,8
Moralistas	18	04	09	31	43,0
Religiosos	14	02	06	22	30,5

(*) Percentual considerado sobre o total de 72 questionários.

Os médiuns históricos e científicos foram os mais raros, enquanto que os calmos, moralistas e religiosos, os mais frequentes. Isso reflete o mundo cultural em que está inserido o espiritismo brasileiro. Há uma tendência pela procura da quietude, do transe controlado, da mística religiosa e, sobretudo, de uma posição moral elevada.

Quanto à variedade dos efeitos físicos, os resultados obtidos foram os esperados, visto que entre 72 médiuns, apenas 1 (1,38%) disse ter energia para psicocinesia, o mesmo para escrita direta; para efeitos eletrônicos, 4,16%; para produção de sons, 11,10%. Para voz direta, acreditamos que houve um equívoco de interpretação, tendo em vista a alta percentagem (9,72%). Como no Brasil existem muitas reuniões exclusivas para a obtenção de materializações, realizadas no escuro, os espíritos, não encontrando tantos médiuns para suprir tais reuniões, que muitas vezes, ou quase sempre, começam só pela vontade de alguns em conseguirem tais efeitos, conseguem realizar uma espécie de transfiguração nas cordas vocais dos médiuns, falando então com suas próprias vozes.

No caso da escrita direta, também há que fazer uma diferença: há pneumatografia, quando os espíritos não precisam de médiuns, que é a escrita direta propriamente dita e, necessariamente, não existem médiuns pneumatógrafos; e há a escrita ectoplasmática, quando uma mão materializada toma de um lápis e escreve. Aí, nesse caso, há um médium que cede seus fluidos ectoplasmáticos.

Desses 72 médiuns que responderam ao questionário, 70 eram espíritas e 2 disseram-se apenas cristãos. Entre todos eles havia 2 de raça amarela, 8 mestiços, 3 negros, 4 mulatos e 55 brancos, sendo 21 homens e 51 mulheres. Mas essa amostragem é insuficiente para uma análise estatística mais profunda, principalmente se o objetivo fosse estudar a mediunidade segundo a raça. Ficou visto apenas que mais mulheres e mais médiuns da raça branca procuraram o CIPES para responder ao questionário. Desses médiuns, após um bom número deles ser experimentado, 9 (12,5%) participaram de trabalhos de pesquisas medianímicas e foram citados nas publicações de nossos resultados. Entre esses médiuns havia psicógrafos, receitistas, clarividentes, psicofônicos, psicômetras, mas o que foi valorizado ao máximo foi a percepção anímica deles, acima da utilização dos canais ditos mediúnicos que transmitem as mensagens. Assim, o termo *medianímico* seria melhor termo a ser utilizado para descrever o potencial desenvolvido.

Esse método é indicado para o recolhimento do potencial a ser experimentado nos médiuns que se apresentam para o trabalho e se propõem à tarefa de seriedade e utilidade que a mediunidade solicita. Veja os capítulos acima "Escassez de médiuns" e "Os bons médiuns".

Esse protocolo ganha importância maior quando utilizado novamente nos médiuns que estão sendo acompanhados nos trabalhos de rotina. Depois de algum tempo, 6 meses ou 1 ano de tarefas bem definidas, utilizando a variedade mediúnica apresentada por cada médium entrevistado, torna-se a preencher o formulário proposto, o que deve ser feio de tempos em tempos, podendo assim os investigadores ou dirigentes acompanharem com detalhes as grandezas psíquicas desenvolvidas em cada componente do grupo.

DEFINIÇÃO DAS NECESSIDADES DE AUXÍLIO MEDIANÍMICO

Objetivando saber a natureza dos problemas que eram trazidos aos trabalhos do CIPES, para que as tarefas fossem mais diretamente ao encontro das necessidades reais dos que buscam ajuda espiritual em nossa região, todos os pedidos foram catalogados e digitados num *software* próprio, desenvolvido especificamente para esse serviço.

Muitas solicitações de auxílio espiritual foram enviadas para o CIPES, buscando orientação para os males do missivista ou de seus parentes e amigos. Todas as solicitações foram computadas em seus devidos prontuários, para depois serem catalogadas de acordo com a natureza dos pedidos, que podia ser uma doença, um problema existencial ou, até mesmo, um pedido de notícias sobre um parente falecido.

Segue, abaixo, o formulário que era preenchido, de acordo com a solicitação, no nosso programa de computador próprio para os procedimentos práticos e também estatísticos.

SOLICITAÇAO DE ORIENTAÇÃO ESPIRITUAL

DATA ___ / ___ / __
NOME: ______________________________
SEXO: ________ IDADE ________
ENDEREÇO: ______________________________
NÚMERO ______ APTO. ____________
BAIRRO: ______________________________
CIDADE: ______________________________
UF ______ CEP ____________ TEL: ____________

MOTIVO DA SOLICITAÇÃO:

____
____
____
____
____

HISTÓRICO:

____
____
____
____
____

DIAGNÓSTICO MÉDICO:

____
____
____
____

ENCAMINHAMENTO :

____
____
____

OBSERVAÇÕES:

____
____
____

Considerando 463 casos de solicitação de orientação espiritual enviados ao CIPES no ano de 1997, cujas especificações estão discriminadas no Quadro 13, foram agrupadas segundo as informações dos prontuários ou protocolos.

QUADRO 13 – NATUREZA DAS SOLICITAÇÕES DE AUXÍLIO ESPIRITUAL ENCAMINHADAS AO CIPES, CONSIDERANDO 463 COMPUTADAS

Grupo 1 – Doenças			
Tipos	**Qtde**	**% Grupo**	**% Total**
Orgânicas(*)	172	62,77	37,15
Psíquicas(**)	102	37,23	22,03
Total	274		59,18
Grupo 2 – Problemas Espirituais			
Tipos	**Qtde**	**% Grupo**	**% Total**
Evocação	36	32,73	7,78
Mediunidade	16	14,55	3,46
Obsessão	27	24,55	5,83
Reforço Espiritual	25	22,73	5,40
Reforma Intima	6	5,45	1,30
Total	110		23,76
Grupo 3 – Problemas de Comportamento			
Tipos	**Qtde**	**% Grupo**	**% Total**
Conjugais	9	11,39	1,94
Familiares	19	24,05	4,10
Sexuais	7	8,86	1,51
Sociais	44	55,70	9,50
Morais	0	0,00	0,00
Total	79		17,06
TOTAL GERAL			463

(*) Detalhado no Quadro 2.; (* *) Detalhado no Quadro 3.

Quanto à natureza dos motivos das solicitações de auxílio espiritual apresentadas ao CIPES, os 463 casos foram divididos em pelo menos 3 grupos: 1) doenças (orgânicas e psíquicas), num total de 274 (59,18%) casos; 2) espirituais, reunindo evocações, mediunidade, obsessão, reforço espiritual e reforma íntima, num total de 110 (23,76%) casos; e 3) comportamento, abrangendo problemas conjugais, familiares, sexuais, sociais e morais, num total de 79 (17,06%) casos.

Diante de tal amostragem, verificamos que o primeiro grupo, de doenças, com um percentual de 59,18%, é predominante, mostrando que os motivos de doenças são os mais frequentes, com um percentual mais significativo para o subgrupo das doenças orgânicas, apresentando percentual 62,77% e também o maior, considerando o total de casos (37,15%). O subgrupo de doenças psíquicas apresentou um percentual de 22,03%, o segundo mais significativo do total. Esses dados sugerem que o CIPES deve dar certa prioridade aos problemas de saúde, inclusive no treinamento dos médiuns para um atendimento mais específico. É necessário que os médiuns procurem conhecer um pouco mais sobre o funcionamento do corpo humano, bem como as doenças e suas consequências, o que certamente facilitará a varredura medianímica e o atendimento ao doente que solicita auxílio, uma vez que os médiuns, tendo o conhecimento e identificando o problema, sabem melhor como direcionar as forças medianímicas diretamente para o problema identificado e, caso contrário, não conhecendo o que está vendo ou percebendo, necessitam muito mais do auxílio da espiritualidade, pois emitem energias não direcionadas. É preciso associar a isso a questão da descrição do que o médium está vendo ou percebendo, pois que se ele tiver estudo sobre o organismo humano, saberá melhor descrever suas percepções.

O segundo grupo (problemas espirituais) somou 23,76 % dos casos, sendo que entre os subgrupos, em grau decrescente em quantidade, mostrou que as solicitações de evocação de espíritos, principalmente de parentes falecidos (32,73%), é representativa dentro do Grupo, mas com 7,78% do total de casos. Entre as questões espirituais, parece ser essa uma indicação importante para a atenção especializada. A evocação foi seguida de pedidos de auxílio para obsessão (24,55%), solicitações de reforço espiritual (22,73%), mediunidade perturbada (14,55%) e, em menor frequência, as solicitações de ajuda para orientações e ajuda para reforma íntima (5,45%). Segue a análise do terceiro grupo, apresentando as questões sociais mais frequentes (56%), sendo o terceiro em importância (9,5%) em todos os casos. Depois aparecem os problemas familiares (24%), os conjugais (9%) e os sexuais (7%).

Como conclusão de análise deste primeiro Quadro 13, fica evidente que as doenças, tanto orgânicas quanto psíquicas, merecem mais a nossa atenção, devido, logicamente, ao significativo índice (59,18%) encontrado em relação aos demais grupos. Entretanto, ainda é necessário pormenorizar os subgrupos mais importantes para uma análise mais detalhada, em termos de indicação, não só quanto à quantidade de casos, mas do significado da ocorrência em termos de complicação social e espiritual.

QUADRO 2 – DISCRIMINAÇÃO EM PERCENTUAL DO NÚMERO DE SOLICITAÇÕES DE ORIENTAÇÃO ESPIRITUAL QUANTO ÀS DOENÇAS ORGÂNICAS (SUBGRUPO 1)

Grupo 1 – SubGrupo 1 – Doenças Orgânicas			
SubGrupo	Qtde	% SubGrupo	% Total
Alcoolismo	30	17,45	6,48
Neoplasias – câncer	27	15,70	5,83
Problemas neurológicos	27	15,70	5,83
Drogas	22	12,79	4,75
Problemas genito-urinários	11	6,40	2,38
Problemas ósseos	8	4,65	1,73
Problemas gastrointestinais	7	4,07	1,51
Problemas cárdio-circulatórios	6	3,49	1,30
Dores diversas	6	3,49	1,30
Problemas no ap. respiratório	5	2,91	1,08
Problemas reumáticos	4	2,33	0,86
Problemas endócrinos	3	1,74	0,65
Paralisia	3	1,74	0,65
Problemas dermatológicos	2	1,16	0,43
Gravidez	2	1,16	0,43
Stress	2	1,16	0,43
Aids	1	0,58	0,22
Alergias	1	0,58	0,22
Anemia	1	0,58	0,22
Hepáticos	1	0,58	0,22
Musculares	1	0,58	0,22
Oculares	1	0,58	0,22
Queimados	1	0,58	0,22
Total Orgânicas	172		37,15

No Quadro 2, das doenças orgânicas (subgrupo 1), é possível visualizar os problemas de saúde do corpo que, em geral, suscitaram pedidos de orientação espiritual. Naturalmente que havia neles alguma dificuldade clínica (conforme os dados das entrevistas) para que os pacientes ou parentes procurassem se socorrer da ajuda dos espíritos. Dentro dessa variedade de problemas, tivemos 172 casos, correspondendo a 37,15% da amostragem.

Dentro de uma mesma faixa de significação, temos os problemas mais frequentes (entre 12% e 18% do grupo), sendo em ordem decrescente: alcoolismo (17,45%), neoplasias (15,7%), problemas neurológicos (15,7%) e vício/drogas (12,79%). Os problemas relativos às doenças ósseas, gastrointestinais, cárdio-circulatórias, dores diversas e do aparelho respiratório, permaneceram numa faixa de 5% a 8%, sendo que os outros discriminados em níveis menores, podemos considerá-los eventuais.

Esses resultados forçam-nos a atentar para os problemas mais frequentes e buscarmos nos centros espíritas mais próximos os serviços de apoio que não podemos oferecer, como por exemplo, apoio a alcoólatras, drogados etc. Procuramos acompanhar, sempre que possível, o desenrolar dos casos com varreduras anímicas e medianímicas, possibilitando recursos psíquicos maiores para os doentes e seus familiares. É importante que se busque obter dos que nos solicitam auxílio o retorno, seja ele bom ou ruim, e que, esse retorno seja anotado no prontuário para futuras pesquisas e para avaliação do trabalho e do próprio grupo.

QUADRO 14 – SOBRE AS DOENÇAS PSÍQUICAS (SUBGRUPO 2), DISCRIMINANDO OS PRINCIPAIS PROBLEMAS APRESENTADOS AO CIPES

Grupo 1 – Subgrupo 2 – Doenças Psíquicas			
SubGrupo	Qtde	% SubGrupo	% Total
Depressão	45	44,12	9,71
Esquizofrenia	23	22,55	4,97
Perturbações do comportamento	21	20,59	4,54
Perturbações do sono	7	6,86	1,51
Psicose maníaco-depressiva	5	4,90	1,08
Autismo	1	0,98	0,22
Total Psíquicas	**102**		22,03

O Quadro 3, das doenças psíquicas computadas, formando o subgrupo 2, mostra 102 casos (22,03%) do Grupo 1 (Doenças). Os estados depressivos da mente, considerando-os em suas divisões clínicas, nos apresentam a depressão com maior frequência (44,12%) no subgrupo, e apenas 9,71 no total da amostragem, seguida de esquizofrenia (22,55%), distúrbios de comportamento (20,59%). A psicose maníaco-depressiva aparece menos frequente, mas geralmente, como num estudo em separado, aparece bem mais frequente que as esquizofrenias. Isso pode ter acontecido devido à amostragem considerada.

Nos trabalhos do CIPES, já concluímos quais as atividades que são mais eficazes nesses casos, principalmente nas depressões. Verificamos, outrossim, que, mesmo sob a visão medianímica, as fronteiras entre um problema mental e outro, nos casos de ordem apenas psíquica e não neurológica, são muito tênues, podendo evoluir ou regredir, marcando piora ou melhora do quadro clínico.

Como temos observado, quando as pessoas estão felizes, progredindo e bem organizadas na vida, há sempre presenças espirituais superiores próximas, atuando beneficamente. Ao contrário, nesses casos de enfermidades relacionados acima, foram detectadas, de um modo geral, presenças espirituais enfermiças e, em muitos desses casos, houve necessidade de uma tarefa específica de desobsessão, com tratamento e orientação para as entidades espirituais envolvidas.

Com esses quadros, tornou-se possível especializar mais os setores de atendimento aos nossos irmãos sofredores encarnados e desencarnados, obsessores, reforçar aqueles que estavam apresentando desânimo, os alcoólatras, acalmar os sexualmente desorganizados, aliviar os drogados e seus familiares, inclusive encaminhando-os aos centros espíritas com tarefas especializadas. Cada item teve as considerações merecidas, de acordo com sua importância dentro do que foi computado e estatisticamente valorizado.

É importante ainda salientar que, nas atividades espíritas que possibilitaram os resultados acima discriminados, ficou bem evidente que a mediunidade ou, melhor dizendo, as forças medianímicas, não foram utilizadas apenas para atender às enfermidades humanas já catalogadas pela medicina, mas também aos problemas humanos de toda ordem e, mais importante ainda, foi o avanço alcançado pelos componentes do estudo, e na compreensão da Doutrina Espírita, ampliando os potenciais do sentimento e da religiosidade, em Espírito e Verdade.

LAUDOS ESPÍRITAS

De posse do prontuário de solicitação de auxílio espiritual, é mister que se leve o nome do solicitante para a reunião. Os médiuns, no mínimo três, segundo nossas observações, recebem apenas o conteúdo do cabeçalho, sem nenhuma informação a não ser: nome do solicitante, sexo, idade e endereço completo. Uma folha de papel, em branco, só com o cabeçalho, para recepção de mensagens espirituais de orientação, quando houver e o médium sentir que os espíritos veem necessidade disso, e outra folha própria para o transe canalizado, com as perguntas básicas (exemplos abaixo).

Exemplo 1 – folha para mensagem de orientação (insistimos para que não haja receituários de remédios, a não ser, é claro, que se possa contar com um médium especialista nessa variedade).

SOLICITAÇÃO DE ORIENTAÇÃO ESPIRITUAL

Nome: ______________________ Sexo: ____ Idade __
Endereço: ______________________ nº ____ Aptº __
Bairro: ____________________ Cidade :___________
UF : __ CEP: _________ Tel: ___________________

____
____
____
____
____
____

Alguns médiuns têm solicitado que se informe o estado civil. Indagados a respeito, dizem que veem uma ligação psíquica do solicitante com outra pessoa.

Exemplo 2 – folha para obtenção das percepções medianímicas sob transe canalizado. Deve conter o cabeçalho mais quatro perguntas básicas, que dirigem o pensamento do médium para que ele não se disperse em pensamento ou percepções sem valor.

PERCEPÇÕES SOB TRANSE CANALIZADO

Nome: ____________________ Sexo: ____ Idade __
Endereço: ____________________ nº ____ Aptº __
Bairro: __________________ Cidade :___________
UF : ____ CEP: _______ Tel: __________________

1 – Qual é o problema?

2 – Qual é a causa do problema?

3 – O que se pode fazer, psiquicamente, para ajudar?

4 – Que recomendações devem ser feitas?

Após o tempo em que os médiuns terminem suas percepções e anotações, as folhas devem ser recolhidas para serem analisadas, se possível, logo depois que todas as solicitações tenham sido atendidas, senão devem ser discutidas na próxima reunião, prevendo que todos participem e percebam onde foram úteis e em que nível de percepção se encontram.

Evidentemente, de posse das informações, o investigador ou dirigente fará um laudo encaminhando as mensagens e orientando o solicitante, de acordo com o que está anotado nas folhas.

Um arquivo de prontuários e dos resultados deve ser mantido para estudos posteriores e elaboração dos dados estatísticos, visando avaliações futuras. Esse procedimento por certo ajudará muito o crescimento do grupo.

EXEMPLO DE UM LAUDO PRONTO:

O sr. A. B. de Barros solicitou ajuda espiritual para os seus problemas de **alcoolismo**, que vêm deteriorando sua vida particular, estando já com a família desestruturada e desempregado. Ele mesmo pede ajuda e reforço espiritual. Os seus dados pessoais (nome, sexo, idade e endereço) foram entregues a cinco médiuns para que o observassem psiquicamente. Como resultado, foi obtido o seguinte:

1° Médium (verificação do problema pela ação psicoscópica):

"Vejo problemas de alcoolismo. É muito fraco em sua vontade, quando pensa em largar, ele pede ajuda; contudo, a presença de obsessores não o deixa ir adiante em sua fraca vontade de largar o vício. Cabe a ele a maior quota de ajuda. Deve ajudar-se a si mesmo, reforçando a sua vontade. Alguma orientação nesse sentido será dada a ele".

2º Médium (descrição da situação por psicoscopia):

"Sinto-o e vejo-o encharcado no álcool. Amanhece bebendo. O problema dele é alcoolismo. Muitas entidades espirituais permanecem ao lado dele bebendo junto. Mas ele está ficando sem dinheiro, o ambiente familiar é ruim e os ambientes que frequenta são horríveis. Vejo um bar que tem uma mesa de sinuquinha. Ele tem conhecimento dos assuntos espíritas, mas zomba muito e os espíritos, seus afins, alimentam essas ideias depreciativas das coisas espirituais. Ele é revoltado. Acha que ninguém o ajuda. Cobra muito da família, pois se sente rejeitado por ela. Os componentes de sua família apresentam-se orgulhosos, dão muito valor aos títulos acadêmicos e sociais e olham para ele como um "coitadinho". Vejo, contudo, uma de suas irmãs que lhe dá mais atenção, é espiritualizada".

3º Médium (desobsessão; toda a ação desobsessiva foi percebida pelo médium):

"Sinto a cabeça rodar, como num remoinho. É como se ele estivesse tonto, entorpecido, como alguém que tomou um tranquilizante. Ele tem vontade de se jogar do alto de algum prédio, de acabar com tudo. Depressão. Tem um acompanhante espiritual que anda colado nele e que o obriga a fazer coisas que não quer. Trata-se de uma subjugação por vingança. Esse espírito o faz lembrar coisas ruins e lhe passa sensações muito desagradáveis... Horrível, ele não consegue nem pensar... Mas vejo agora que alguns espíritos colaboradores encobrem essa entidade obsessora, como que encapuzando-a, e a retiram. Ele está recebendo ajuda espiritual, tipo passes magnéticos, e está sendo atendido por espíritos especialistas. É preciso dar continuidade às vibrações para ele. Estão sugerindo aqui que o nome dele seja colocado semanalmente no livro de pedidos para preces. Deve tomar passes e água fluidificada".

4º Médium (orientação medianímica, o médium viu a situação e transcreveu a orientação espiritual):

"Observo que há conflitos familiares, muitos deles provocados por espíritos que penetram o ambiente familiar através do companheiro que solicita ajuda; aproveitando-se de sua situação, de suas fraquezas morais, provocam desentendimento em geral. Os amigos espirituais recomendam que ele e os familiares façam uso do Evangelho, se possível com dia e hora marcados. Os familiares devem participar, pois é um problema que atinge a todos. Assim, com a meditação nos textos do Evangelho, podem criar um ambiente sadio no lar, não permitindo que inimigos da paz ali penetrem. No momento, trabalhadores de Mais Alto se fazem presentes para os primeiros auxílios e providências. Jesus será sempre o irmão disposto a amparar todos os que sofrem e buscam a paz".

5º Médium (mensagem psicografada enviada ao solicitante):

"Carinhosamente, o Pai nos lega mais uma oportunidade para o nosso reajustamento. Quando, porém, ainda nos sentimos fracos, incapazes de reagir ao desânimo e arcar com as mudanças necessárias ao nosso crescimento, Ele, uma vez mais, nos coloca, nas mãos, mais uma oportunidade, e assim sucessivamente, até que acordemos para a renovação, prontos para efetuar mudanças e felizes por nos sentirmos tão amados.

É assim que se passa com todos os filhos do Pai Celestial, mesmos os que ainda se encontram imaturos para o crescimento. No entanto, não podemos permanecer em posição de inércia, de filho rebelde e incompetente para entender as razões do Pai que nos quer educar.

Procuremos avaliar nossas atitudes com seriedade e encontraremos as razões de toda a nossa infelicidade. Ela está em nós e depende de nós mesmos alcançar a paz e a felicidade.

Recomendamos:

– frequência a uma casa Espírita para assistir reuniões doutrinárias e tomar passes, pelo menos duas vezes por semana;

– água fluidificada duas vezes ao dia. Leitura do Evangelho à noite, seguida de meditação e prece;

– acompanhamento de estudo do Evangelho no Lar.

Paz em Cristo!"

Laudo:

Trata-se de um caso de alcoolismo por problemas pessoais antigos, desencadeados por ação obsessiva de espíritos vingadores. Depressão. Quando da varredura (vasculhamento) medianímico, o solicitante recebeu boa carga de ajuda na forma de energias psíquicas além da ação de desobsessão. Seguiu mensagem espiritual de orientação para defesa e manutenção das energias recebidas. Após seguir as orientações por algum tempo, 2 a 3 meses, volte a solicitar ajuda, informando do andamento e das consequências da observação das orientações. Se for o caso, dar-se–á continuidade aos recursos de ajuda espiritual.

x x x

Segue que, se o paciente atender aos apelos das orientações, há melhora significativa, com momentos de alguma paz e possibilidade de êxito, seja na aceitação do paciente em buscar ajuda especializada, visto que até no Mundo Espiritual os especialistas estão a postos.

APOIO E SUSTENTAÇÃO ESPIRITUAL ÀS ATIVIDADES DO GRUPO

Mediante as intercorrências e depois mais frequentemente, houve necessidade de uma reunião de apoio e sustentação às tarefas e aos próprios trabalhadores do grupo, visto que passamos a trabalhar diretamente com a divulgação do espiritismo através do livro. Essa principal atividade, junto com os projetos de pesquisa em andamento, além do atendimento aos doentes e sofredores com problemas diversos, trouxe muita pressão espiritual, tanto por parte dos espíritos das trevas desencarnados, quanto dos que estavam encarnados. Criavam problemas de todos os tipos. Daí, sentimos necessidade de uma tarefa de preces especial para suplicar a Deus uma proteção específica para cada trabalho que seria desenvolvido.

A conclusão é óbvia, com Deus e a chance que demos com as preces, os espíritos superiores tiveram mais facilidade de nos proteger e intuir. Assim, que todos os grupos possam ter uma reunião de apoio e sustentação espiritual, como já propomos na obra *Transe e mediunidade* (Cap. XI nº 86, p. 111):

> 86 – **Reunião de Apoio e Sustentação Espiritual do Grupo** – Nos parece imprescindível tal reunião, onde devem estar reunidos, pelo menos uma vez por mês, ou semanalmente, se for o caso, pessoas que amam o Centro, suas tarefas, suas obrigações. Um número de cinco pessoas está bom, dois doutrinadores e três médiuns. Nessa reunião, de vigilância espiritual, devem ser considerados não só os problemas da Instituição, mas também aqueles companheiros que têm dificuldades. Nunca para trocar impressões pessoais, mas para preces e percepções úteis a serem utilizadas posteriormente. Os problemas devem

> ser considerados individual e objetivamente. Tudo deve ser devidamente anotado. Os resultados não se farão esperar. As melhorias espirituais logo trarão novo ânimo para o grupo. As sombras serão afastadas e um ambiente de luz facilitará a recepção das mais puras intuições divinas.

Em seguida, alguns exemplos de orientações e instruções obtidas nessas sessões, quando, não só pedíamos pelas tarefas, pelo grupo, mas, também, por aqueles companheiros do grupo que estavam em dificuldades, atendendo a orientação do apóstolo Paulo, em sua Carta aos Gálatas:

> Então, enquanto temos tempo, façamos bem a todos, mas principalmente aos domésticos da fé. (Gl. 6:10)

1 Mensagem psicografada pela médium D. na reunião do dia 7 de dezembro de 1993, praticamente no início desse tipo de tarefa, para sustentação espiritual do grupo:

"No meio do lago, pequena mão agita de leve a superfície da água. Pequenos círculos concêntricos se formam. Vagarosamente, o movimento se propaga e, embora a impulsão inicial pareça tão pequena, lentamente se alarga o movimento e mansamente se difunde, atingindo ampla superfície. Assim também este pequeno grupo, como a pequena mão, inicia um trabalho que, muito suavemente, exerce pressão sobre os fluidos que envolvem a nossa moradia terrena e, não obstante cada um saiba das próprias limitações, unidos, conseguimos um movimento que suavemente tem-se propagado e, aos poucos, consegue abranger uma extensa região em torno, levantando energias positivas em várias direções, alterando disposições inicialmente adversas e eliminando obstáculos aparentemente intransponíveis.

"Importante crer na eficácia do trabalho com Jesus e envidar esforços no sentido de manter acesa a chama dessa pequena luz que, do núcleo em que está, pode irradiar-se, congregando outras energias provenientes daquelas que também buscam sinceramente a própria iluminação.

"Deus abençoe o esforço de todos vocês, amigos. Nós, trabalhadores da equipe espiritual, sentimo-nos jubilosos pelos êxitos conquistados e, embora saibamos das dificuldades que ainda persistem nos caminhos de cada um e da equipe de trabalho de modo geral, mantemos expectativa otimista quanto às futuras realizações.

"Muito há pela frente em termos de trabalho, não só no sentido de aliviar os sofrimentos e minimizar as dores, como também e, principalmente, na direção da divulgação da consoladora mensagem do espiritismo. O momento é de alcançar maiores dimensões na ampliação do conhecimento. As pesquisas precisam ser implementadas e difundidas. É hora de extrapolar as paredes limitantes do personalismo e ganhar horizontes largos e amplos da solidariedade e da interação fraterna. Somar esforços, eis de fato o ponto chave; eliminar dissensões e antagonismos; crescer na capacidade de amar e servir. Se nós, que somos herdeiros de uma doutrina tão iluminada, não conseguirmos isso, quem irá fazê–lo?

"Lembremos Jesus: "Meus discípulos serão reconhecidos por muito se amarem". Eis a hora de ampliar nossa possibilidade de amar indistintamente, de nos envolvermos com entusiasmo na luta por colocar, em cada coração, a certeza de que esse é o roteiro a seguir. Na medida em que perseverarmos nessa direção, venceremos as sombras que existem dentro de nós mesmos, superaremos as pressões e constrições da matéria e começaremos a experimentar, cada vez com maior nitidez, as alegrias que as interações espirituais podem proporcionar. Não podemos prometer-lhes caminhada fácil, mas comprometemo-nos a secundar-lhes os esforços nos propósitos de trabalho no Bem.

"Não nos intimidemos diante os obstáculos colocados pela dureza daqueles que se mantêm insensíveis aos amorosos apelos do Mundo Maior. Deixemo-los entregues aos caminhos que escolheram. Busquemos, antes, os que se encontram torturados e aflitos, porque não conseguem vislumbrar, no tormento em que se acham, a saída de luz do perdão e do amor. Com os corações preparados pelo sofrimento, poderão muito mais facilmente agasalhar a mensagem renovadora e somar com os nossos esforços. Assim é que, aos poucos, formaremos o grupo capaz de realizar mais amplamente o trabalho de difusão do Evangelho segundo as luzes do espiritismo.

"Confiem e perseverem!

Bezerra"

2 Mensagem psicografada pela médium J. na reunião do dia 12 de abril de 1994:

"Amigos:

"O trabalho floresce, a luz se acende mais e alcança o mais profundo dos abismos da alma humana e dos espíritos desencarnados que se encontram em sérias dificuldades.

"A ajuda das preces específicas tem sido imensa para a caravana de trabalhadores dedicados no Bem, quando o auxílio aos necessitados de toda sorte tem sido feito com maior facilidade.

"Através dessa luz, colocada no velador, que todos vocês acendem na boa vontade diante do trabalho e o esforço para realizar o melhor perante o próximo, estamos podendo realizar tarefas de grande proveito em prol das muitas tarefas estabelecidas neste grupo espírita.

"A tarefa é imensa, árdua, poucos são os que estão dispostos ao trabalho e que estão preparados para os embates das lutas que se avizinham daqueles que se propõem a combater o mal. No entanto, com a perseverança de todos, poderemos sensibilizar outros companheiros e abrir mais frentes de trabalho.

"Contamos com o apoio e a colaboração do grupo e agradecemos a Deus, em nome de tantos que receberam os benefícios que daqui nasceram, nos momentos de preces e trabalho.

"Confiança e Paz!

Bezerra"

3 Percepção medianímica da médium J. na sessão do dia 23 de agosto de 1994, na oportunidade em que se orou bastante pelos livros programados para serem publicados pelo CIPES. A médium descreveu a visão que teve durante a prece e nos apresentou um desenho que fez, baseado no que presenciou no ambiente:

"Durante a prece, vi a mesa que estamos usando bastante iluminada. Em torno dela formou-se um círculo de luz, muitas entidades espirituais, juntas, um ao lado da outra, com os braços estendidos na horizontal, de cujas mãos saíam jatos de luz em direção à mesa, atingindo a todos nós. Acima da mesa, sobre as nossas cabeças, formou-se uma imagem belíssima, onde vi os livros do CIPES, dispostos de modo harmônico, todos muito iluminados, como se estivessem dourados pela luz solar. Desceu, então, sobre nós, uma chuva de pedacinhos de um material dourado, semelhante a pedaços de finíssimo papel, que, ao caírem sobre nós, desfaziam-se em luz (energia espiritual). A imagem permaneceu durante toda a prece."

Visão medianímica da médium J. no momento em que se fazia uma prece pelas tarefas da divulgação do espiritismo pelos livros, produtos dos resultados de nossas pesquisas no grupo experimental. Este desenho foi feito pela própria médium logo após ter descrito a sua visão.

4 Mensagem psicografada pela médium D. na ocasião em que foi realizada uma prece para a publicação e o lançamento do livro *Aos Efésios: carta do apóstolo Paulo aos santos e fiéis em Cristo*:

"Gigantesca é a tarefa da renovação espiritual humana. O primeiro passo deve ser o conhecimento. A ciência antecede a religião, como também orienta com propriedade o insigne codificador Allan Kardec.

"Procura conhecer sempre mais, empenhando-se no aprofundamento das pesquisas – eis uma tarefa a ser empreendida, a cobrar o esforço continuado da inteligência.

"Ante as sombras da ignorância que ainda se espalham pelos rincões da cultura humana, acender o facho do esclarecimento é trabalho de caridade que exige o espírito empreendedor e corajoso dos desbravadores.

"É evidente que contra a pequenina luz que, então, timidamente se apresenta, virão forças contrárias a exigir perseverança no caminho escolhido.

"Muitos são os que procuram minimizar os efeitos das ações dos empreendedores e cooperativas, lançando-lhes acerbas críticas, colocando-lhes epítetos e ridicularizando-os. Outros, de modo diferente, procurarão disseminar a perturbação, levantando falso testemunho e inventando fatos caluniosos.

"Grandes dores nascem desses embates do pioneiro contra as muralhas culturais da inércia e do repúdio ao novo. De outro lado, porém, as numerosas falanges do Cristo irradiam energias de confiança e vigor, a sustentar os braços dos que resistem, sem medo, à fúria dessas tempestades de trevas.

"Armemo-nos, ainda hoje e a qualquer tempo, com a armadura do verdadeiro soldado a serviço de Deus, como nos recomendou Paulo de Tarso na epístola aos Efésios, para que, protegidos pelas vibrações equilibradas do amor fraterno em

"Cristo, possamos levar a bom termo os projetos do Bem que se fazem, hoje, ainda tão necessários.

"O conhecimento acenderá nos espíritos a luz da razão, para que as sombras do personalismo e do orgulho cedam espaço à sabedoria. Muitos corações acompanham os esforços nos rumos da pesquisa espírita, para buscar, nas lições do passado, as luzes para o presente.

Esse trabalho faz-se mais uma pequenina luz na noite das consciências que necessitam dos resultados mais concretos para se inclinarem às evidências da imortalidade da alma.

"Aos poucos, alterar-se-á o quadro e, de livro em livro, as pequenas chamas transformar-se-ão em renovadores clarões de esperança e fé no futuro.

"Nossa presença e nossas palavras reiteram o apoio das equipes espirituais que agem, em nome do Cristo, junto às iniciativas cujos objetivos sejam o esclarecimento e o incentivo ao estudo continuado. Mantenhamo-nos firmes no propósito espírita e, em breve, os resultados far-se-ão bem evidentes, mostrando que o caminho é esse que já trilhamos lado a lado, com Kardec e com Jesus.

Bezerra"

Todas as tarefas programadas devem sofrer a ação da prece, pois que só faremos o que Deus permitir. A prece, nesse caso de apoio e sustentação, mostra a nossa submissão à vontade divina, não realizando o que o nosso personalismo deseja, mas sim o necessário e o que é justo. Não só porque seremos sempre mais inspirados para o que é correto, mas porque a prece abre as nossas mentes para receber as sugestões espirituais. Não se segue daí que devemos fazer tudo o que os espíritos nos dizem, pois os espíritos superiores nunca ordenam, apenas sugerem essa ou aquela medida, deixando a nosso cargo a liberdade de decidir sobre o melhor caminho, o do bom senso.

A tarefa de pesquisa e divulgação do espiritismo é uma das mais sérias que existem, pois espalha a Verdade no coração do homem. Isto exige muito maior vigilância no nosso dia a dia, devido, logicamente, à ação dos contrários, não só deste mundo, mas ainda do outro.

'CAMPO PSÍQUICO`
NA INTERNET

Reunião ocorrida em 20/12/98, pela Rede de IRC BrasNET, entre o pesquisador Lamartine Palhano Junior e os administradores do Canal #Espiritismo da Internet.

Participantes:
– Lamartine Palhano Junior – Vitória
– Raphael Vivacqua Carneiro – Vitória
– Pedro da Fonseca Vieira – Rio de Janeiro
– Jailton Pinheiro da Silva – Rio de Janeiro
– Wania Flintz da Cunha – Rio de Janeiro
– Sônia Viñas – Brasília

Palhano: No Brasil espírita, enquanto chegam novas propostas, a primeira, de Allan Kardec, não está tendo leitura correta. E isso faz com que haja "ruídos doutrinários" e que a prática espírita seja incoerente com a verdade científica, fazendo com que a religião de cada um e seus atavismos ditem as normas ("à moda da casa"). O "todo coletivo", de Allan Kardec, é nada menos que o "campo psíquico", baseado nos conceitos básicos de Einstein. Leia-se *Mecanismos da Mediunidade*.[16]

Jailton: Achei em *O livro dos médiuns*, item 207, capítulo XVII, "Da Formação dos Médiuns".

Palhano: Que é o campo? É o espaço de influência de um corpo. Um corpo psíquico forma um "campo psíquico". Kardec

[16] VIEIRA, Waldo; XAVIER, Francisco Cândido. *Mecanismos da Mediunidade*, p. 116.

aplicou a teoria do "todo coletivo" às reuniões espíritas. Segundo Kardec, esse "todo coletivo" é formado quando há, no grupo, unidade doutrinária, harmonia de pensamento, natureza de propósitos iguais, formando assim um corpo único mental, que é o "campo psíquico". No tempo de Kardec, ainda não havia o conceito de "campo", por isso ele falou em "todo coletivo". O importante é que um grupo espírita tem que estar entrosado, pois o pensamento de um será o de todos. Quando se aproximam os espíritos que têm os mesmos propósitos, o "campo" é reforçado. Uma ordem mental, então, é um feixe de energia psíquica poderoso capaz de atingir o objetivo, energiza-lo, vasculha-lo e informar os dados de referências solicitados na prece ou na ordem. Entenderam?

Todos: Sim.

Pedro: Perfeitamente, inclusive guarda consigo uma analogia física em relação aos campos magnético, elétrico e gravitacional muito estreita.

Palhano: Isso mesmo. Só que é psíquico também!

Sônia: Com a sua explicação e a leitura do item 207 de *O livro dos médiuns*, tudo claro.

Palhano: Esse "campo" deve estar centralizado na mente do diretor da reunião que, por sua vez, está ligado à mente do instrutor espiritual. Mas, de qualquer forma, cada médium, inclusive pessoas com poderes anímicos, conseguirá fazer uma leitura do objetivo no seu nível psíquico. A esse processo dei o nome de "varredura medianímica" (Livro *Transe e mediunidade*).[17] Nesse tipo de transe, cada médium usará os recursos que tem, anímicos ou mediúnicos. Na varredura anímica, usa-se a força anímica apenas (irradiação mental).

[17] PALHANO JR., Lamartine. *Transe e mediunidade*. Niterói: Lachâtre, 1998.

Pedro: No caso da varredura anímica (irradiação mental), trata-se de algum agrupamento orgânico ou perispiritual que facilite esse direcionamento ou é uma habilidade que se consegue pelo treino, igualmente observada em todos os encarnados?

Palhano: Para ser médium ostensivo, o indivíduo obrigatoriamente tem que fazer o transe anímico, isto é, há possibilidade de ele emancipar-se do corpo parcial ou globalmente, favorecendo o entrosamento com outras mentes (de mortos ou vivos). Então, é possível aproveitar o transe anímico, ensinando o médium a fazer o *transe canalizado*, movimentando suas energias para favorecer as percepções anímicas nesse ou naquele sentido. Cada um tem o seu grau de transe anímico, como o seu grau de mediunidade (possuem bases genéticas para formar transes espontâneos). Gostaria, então, de falar da "percepção psíquica" (criptestesia), antes da prece inicial. Posso prosseguir?

Todos: Sim.

Palhano: Kardec, embora tenha estudado os estados anímicos (da alma), através do sonambulismo, valorizou bastante a mediunidade. Quem valorizou o transe anímico foi Aksakof (livro *Animismo e Espiritismo*).[18] Kardec falou sobre os transes anímicos e os viu misturados com os mediúnicos. E deu o nome *mediaminique* (de *âme*, em francês, no seu *Vocabulaire Spirite*), enquanto Aksakof chamou de *anímico* (de *anima*, em grego). Os fenômenos conjugados,[19] hoje, nós chamamos de *medianímicos*. Nós, do Laboratório Mediúnico do CIPES, após muitos protocolos de pesquisa, chegamos à conclusão de que os canais mediúnicos precisam ser dominados, através de

[18] AKSAKOF, Alexandre. *Animismo e Espiritismo*. 1890. Vol. II. 3ª ed. Rio de Janeiro: FEB, 1978.

[19] KARDEC, Allan. *Definições Espíritas*. (Apresentação e Notas de L. Palhano Jr.)Niterói: Lachâtre, 1997.

treinamento, valorizando antes a percepção medianímica, pois que esses canais mediúnicos, como psicografia, psicofonia, vidência, psicopraxia e outros, devem ser usados se necessários e com consciência do que se está fazendo, e não à revelia. Para se ter certeza de qual canal deve ser utilizado, ou por que foi utilizado pelos espíritos, apenas a percepção medianímica ou anímica poderá dizer. Assim, quando há um grupo reunido, cada um com suas possibilidades, dentro de um campo, movimentado para um mesmo objetivo, um complementará (ou confirmará) o outro, com a vantagem de os médiuns terem um *feedback* muito bom, pois aqueles que tinham medo de dizer o que perceberam saberão que perceberam mesmo! Além disso, existem outras vantagens, e uma delas é que um médium potencializará o outro naquela variedade medianímica que é forte e o outro seja fraco, facilitando o desenvolvimento mediúnico. Daí ser até anticientífico realizar reuniões mediúnicas de desenvolvimento sem que estejam presentes médiuns já com certa experiência. Pois bem, gostaria, então, de utilizar a prece inicial como exercício. Concordam?

Todos: Sim.

Palhano: A prece é uma evocação, deve ser consciente, programada (principalmente quando feita em grupo), para que todos saibam o que vai ser evocado. Assim, vou fazer a prece inicial como primeiro exercício para sabermos se conseguimos formar o campo. Nessa prece, em primeiro lugar, vamos pedir ao Espírito Verdade (espírito orientador do espiritismo) que nos proteja, em nome de Deus, que não deixe haver interferências contrárias e inúteis de espíritos ociosos, no caso segurança e proteção; em segundo, pediremos que se forme um campo único de pensamento entre nós, para que possamos estar unidos em pensamento, mesmo à distância, com os mesmos propósitos que já estabelecemos em nossa conversa; e em terceiro, solicitaremos ao Espírito Verdade que permita que os bons espíritos, que se interessam por essa tarefa, possam se chegar e formar conosco o "todo coletivo". Ok?

Todos: Sim.

Palhano: Depois da prece, cada um vai dizer, sem receios de nada, o que percebeu. Evitem a utilização dos canais do tipo psicografia, psicofonia etc. (agora é somente percepção). Tentem responder pelos itens propostos: 1) evocação do Espírito Verdade; 2) formação do campo; 3) solicitação da presença dos bons espíritos. Ditarei a prece ao digitador, nosso caro Raphael, e depois todos terão 3 (três) minutos para se concentrar na prece, visto que estamos à distância e não podem seguir as minhas palavras diretamente. Comecemos:

Espírito Verdade, nós te evocamos neste momento e pedimos ao teu espírito orientador, em nome de Deus, que nos dê a proteção necessária para o nosso exercício de fé. Que entre nós possa se formar um campo único de pensamento onde as nossas forças estarão conjugadas na prece e nos bons propósitos de aprender. Pedimos por isso que também nos envie os bons espíritos que se interessam por essa tarefa de aprendizado, de pesquisa e de divulgação do espiritismo através da internet. Que eles possam estar conosco e nos amparando, afastando os escolhos e nos ajudando a definir novos rumos do trabalho espírita.

Palhano: Nadja, você poderia falar o que sentiu ou percebeu durante a prece?

Sônia: Por partes: senti fisicamente pés e mãos esfriando e, psiquicamente, necessidade de acalmar mais a mente a fim de que se estabelecesse uma conexão mais eficaz, como se houvesse um excesso de atividade mental, que deveria ser reduzida.

Parece que veio sobre nós uma força muito grande. Sensações nesse momento: 1) evocação do Espírito Verdade: emoção, muita alegria, profundo respeito, amor, muito amor; 2) formação do campo: necessidade imperiosa de serenar a mente (lembrei dos exercícios de yoga); 3) presença dos bons espíritos: sensação de familiaridade, pensei em meu espírito protetor e me veio à mente a sensação amiga e doce da proximidade dele.

Palhano: O Raphael vai falar de suas percepções.

Raphael: Senti, como a Sônia, uma força muito grande e minhas mãos estão frias, como o Palhano aqui do meu lado está verificando. Elas estão geladas. Vamos por parte: 1) evocação do Espírito Verdade: senti uma sensação de paz e tranquilidade, de um modo geral, mas sem caracterizar uma mudança brusca de estado; 2) formação do campo: não senti algo diferente do que sinto normalmente quando estou nesse grupo; 3) presença dos bons espíritos: semelhante ao item 1, está evidente que estão presentes.

Palhano: Jailton, sua vez.

Jailton: Tenho dificuldades para me concentrar... E durante o exercício, perdi completamente a concentração com meus familiares conversando bem próximo de mim; aí, não consegui me concentrar mais.

Palhano: Sugiro que faça diariamente exercícios de meditação (pergunta 919 de *O livro dos espíritos* – Santo Agostinho), isto é, introspecção, anulando todos os ruídos externos, pois, quando fazemos uma prece, a nossa mente tem que superar todos os obstáculos, pois a prece é "uma conversa com o próprio Deus".

Sônia: Pedro estava fora de contato, mas telefonei para ele e, ao telefone, me disse suas percepções. Coincidiu com algumas minhas. Posso falar?

Palhano: Pode falar.

Sônia: Sensação de paz, lugar muito tranquilo. A lembrança do espírito Cairbar Schutel foi muito forte. Quanto aos três itens: 1) sensação de paz, lugar tranquilo, grupo de amigos; 2) igual à primeira; 3) lembrança de Cairbar muito intensa.

Palhano: Pedro, sua vez.

Pedro: Tendência de mentalização de um ambiente natural calmo, cachoeira. Lembranças dos encontros reais que tivemos, sentimento de amizade muito grande. Visualizei o planeta Terra na hora da evocação do Espírito Verdade. Lembranças de Allan Kardec escrevendo numa mesa de madeira, sozinho. Parece solitário, o Mestre de Lyon. No início do pedido de união de pensamentos, uma imagem absolutamente nítida de um homem (parece Cairbar Schutel, igual, barba e bigode), acompanhado com outros senhores, em especial um de barba branca, bem mais velho. É a imagem mais nítida que obtenho. A sensação de amizade parece mais forte. Fui interrompido, perdi a concentração, a conexão com o servidor caiu instantaneamente. Na segunda vez, devido à dificuldade de concentração com o barulho do *modem*, a mesma nítida imagem do mesmo homem (parece Cairbar Schutel). Somente isso.

Palhano: Wânia, sua vez.

Wânia: Nada de especial do que sinto nos momentos de prece, seja na casa espírita ou fora dela.

Palhano: Vamos, então, ao parecer final. Como sabem, tenho trabalhado nessas técnicas há algum tempo e estou escrevendo um trabalho que se chama *O livro da prece*, no qual tento demonstrar como aproveitar ao máximo a energia liberada na prece com muitos exemplos e variados tipos de prece. Tenho certeza de que a prece é um fato e que movimenta as energias do pensamento divino, como vocês tiveram uma pequena amostra agora. Inicialmente, a Sônia e o Raphael sentiram o "peso" das forças vigorosas que chegaram até nós mostrando as mãos frias, um impacto energético para o qual devemos estar preparados, senão, como suportar a luz que vem do Alto? Ainda verifiquei que um campo foi formado, ligando as nossas mentes, e isso está nítido na percepção de grupo que a Sônia e o Pedro perceberam. São sutilezas às quais devemos estar atentos, até que todos estejam treinados. Com relação à presença de amigos espirituais, veio até nós o espírito, comunicador por excelência, pioneiro, fundador da *Revista Internacional do Espiritismo* e do jornal *O Clarim*, mostrando que o Espírito Verdade enviou imediatamente, até nós, o espírito responsável e que atende a essa especialidade, visto que a internet é, hoje, um campo vasto de comunicação. Concordam?

Todos: Sim.

Palhano: Eu não sabia que o Cairbar estava ligado aos assuntos espíritas veiculados pela internet. Lembrem-se de que Jesus afirmou que se duas ou mais pessoas estivessem reunidas em seu nome, ele ali estaria.[20] Baseado nisso, os nossos experimentos em Vitória dizem que quando nos reunimos com pelo menos três médiuns devidamente treinados no transe canalizado, para as varreduras ou irradiações, é fato consumado a outra sentença de Jesus, que diz:"Tudo o que pedirdes em oração, crendo, obtereis".[21] Assim é que os médiuns, por três minu-

[20] Mt 18:20.
[21] Mt 21:22.

tos (tempo ideal experimentado), têm suas mentes dirigidas para um objetivo a ser esclarecido, como a doença de alguém, problemas existenciais, qualquer tipo de problema. Suas mentes funcionam como radares, somando grande dose de força construtiva, por exemplo: caso seja um doente, transmitem-lhe força, veem por que está doente e definem o que se deve fazer para que ele melhore. Mas isso pode ser aplicado em qualquer situação que se queira resolver, inclusive para se obter recursos da psicometria. Muitas são as vantagens. Uma delas, que julgo importante, é que um médium que tem maior potencial em alguma variedade mediúnica potencializa aquele que tem baixo potencial. Além disso, esse tipo de atividade é muito boa para o desenvolvimento consciente dos poderes psíquicos (anímicos e mediúnicos). Lembramos que, a partir do século que vem, os poderes psíquicos serão mais valorizados que agora. Demonstramos isso nas pesquisas que estamos fazendo e publicando os resultados. Exemplo: os trabalhos publicados em *Laudos espíritas da loucura*[22] são precursores da psiquiatria e de outras variedades médicas do futuro, quando o médico não cuidará apenas do corpo, como uma máquina, mas levará em conta as lesões psíquicas trazidas com a individualidade das existências anteriores. Algum comentário ou dúvida?

Pedro: Pergunta 1: Como se dá esse treinamento medianímico frente ao treinamento mediúnico convencional que conhecemos? Pergunta 2: Sua indução em prece foi bastante curta e objetiva, isso seria um fator que ajuda no direcionamento das energias psíquicas?

Palhano: 1) Esse treinamento tem que ser feito sob <u>protocolo</u>. Cada médium teria um protocolo de acompanhamento. Cada questão colocada tem que ter um <u>prontuário</u> nas mãos do dirigente. Os médiuns só deverão saber o necessário para

[22] PALHANO JR., Lamartine. *Laudos espíritas da loucura*. Niterói: Lachâtre, 1997.

conhecer o alvo, e não os dados particulares que, neste caso, seriam fator de indução. O CIPES tem perto de 4000 prontuários e protocolos através dos quais posso acompanhar as respostas de cada médium, bem como a evolução deles e, além de tudo, saber se eles estão acertando o alvo. Prontuário é uma ficha onde você anota os dados obtidos dos doentes, dos problemas, para acompanhamento. Protocolo é quando você faz um acompanhamento específico que faz parte de um projeto de pesquisa. Por exemplo: estou querendo saber como auxiliar um doente. Então, faço o prontuário dele (nome, idade, diagnóstico médico etc.). Quando estou acompanhando a evolução de um médium, é um protocolo que uso (uma ficha com os dados que vou anotando sobre ele). Tudo isso é colocado num arquivo específico, de fácil controle. Hoje, tenho a satisfação de dizer para vocês que possuo um sistema computadorizado de controle desse arquivo, no qual todos os prontuários e protocolos estão sendo digitados. Por que isso? Exemplo: quero fazer uma pesquisa sobre causas anteriores do câncer infantil. O programa me oferece na hora todos os casos que já foram arquivados no CIPES referentes a crianças portadoras de câncer. Daí ao mapeamento da situação estatística é um pulo.

2) A prece curta e objetiva é preferível do que a longa. Se não conseguimos acompanhar numa pequena prece, numa prece longa, então, dormiremos. Juntamos a isso que todos saibam o que será pedido na prece, para já sintonizar, como fizemos aqui. A prece, ainda, deve ser feita depois de uma harmonização, de uma quietude íntima, equilíbrio mental, para que tenha mais força, pois se ela é proferida de qualquer jeito, não tem força suficiente para movimentar qualquer energia psíquica. Alguém que falar algo?

Pedro: Palhano, só uma coisinha que acho fundamental: o que achou da experiência pela internet? É viável? Devemos nos direcionar a utilizar o campo psíquico em que casos no Canal #Espiritismo? Acho que é do interesse de todos.

Palhano: Sim, mas somente quando necessário. Exemplo: numa palestra não seria necessário. Mas numa evocação, vibração etc., sim. Aconselho treinamento. Fazer de vez em quando para treinar. Mais algum comentário?

Todos: Agradecemos sua participação.

Palhano: Façamos uma prece de agradecimento ao Espírito Verdade para encerrar a reunião. Pedro quer proferir a prece final?

Pedro: *Querido Espírito Verdade, orientador espiritual da Revelação Espírita, mais uma vez nos reunimos com amizade, carinho e seriedade, buscando nos conhecermos para alcançar meios mais eficazes e para auxiliar aqueles que dependem de nós. Que a busca da Verdade seja sempre lógica, sincera e com a união e a prestimosidade que acompanhamos aqui, como irmãos, no amor e na instrução. Ajuda-nos, amparando-nos os passos e que possamos ser, por nossa vez, pequenas luzes de consolação àqueles que nos buscam na vida. Graças a Deus!*

Palhano: Percebo que esses recursos que usamos agora, na internet, são ainda primitivos, como o foi a cesta-pião um dia. Haveremos de conversar todos nós, cada um surgindo na tela, formando grupo e conversando naturalmente.

Jailton: É verdade! :) Nem vai precisar de "tela".

Pedro: Oremos a Deus para que envie abnegados espíritos da computação para enfrentar a vida árdua e sofrida que lhes cabe, como expiação na Terra, para realizarem esse mister.

Palhano: Boa noite a todos!

Evidente que essa reunião foi um ensaio com um grupo ainda não treinado para a utilização consciente do campo mental coletivo, mas também foi obtido mais do que o esperado. É um princípio de globalização dos sentimentos coletivos, mesmo os corpos estando à distância. Esses experimentos não devem parar por aqui. Há, espalhados por aí, muitos trabalhadores dispostos a investigar e aprender, para trabalhar com mais consciência com as coisas do espírito. Aconselhamos que o grupo seja afinado, buscando uma boa proteção espiritual, para que não haja interferências inferiores e que saibam exatamente quais são os objetivos a serem alcançados. Temos, assim, o roteiro: prece, unidade de pensamento, seriedade no trabalho.

CONCLUSÃO

A fase religiosa por que passa o espiritismo no Brasil, desde o seu início, com aceitação *sine qua non* das instruções obtidas por médiuns com nítida tendência religiosa, não recebendo nenhuma crítica dos dirigentes e líderes espíritas brasileiros, por certo também sem orientação científica, manteve uma certa mística, como num estado de infalibilidade e sectarismo que, por certo, não deve permanecer para sempre. Muitos pesquisadores espíritas já não aceitam mais imposições religiosas como condições dogmáticas veladas e sutis. Novas propostas estão chegando; novas leituras dos textos de Kardec estão sendo feitas; alguns grupos já estão novamente evocando os "mortos"; propostas teológicas à luz do espiritismo aparecem aqui e ali. De passo em passo, sairemos do marasmo religioso para uma religiosidade consciente.

É preciso mesmo enfatizar que o espiritismo não é e nem deve ser uma religião instituída, mas uma religião natural, quando o indivíduo torna-se religioso como uma consequência de seu saber a respeito de Deus e de si mesmo. Vejamos o que Kardec considerou na *RE* (maio de 1859, p. 148):

> O Espiritismo não é pois uma religião. Do contrário teria seu culto, seus templos, seus ministros. Sem dúvida, cada um pode transformar suas opiniões numa religião, interpretar à vontade as religiões conhecidas; mas daí á constituição de uma nova Igreja há uma grande distância e penso que seria imprudência seguir tal ideia.

Kardec fez ainda muitas outras considerações a respeito do espiritismo ser ou não uma religião, e é importante discutir aqui essa questão, visto que o assunto vai diretamente de encontro ao comportamento de muitos grupos espiritas e suas reuniões. O procedimento científico é um, o procedimento religioso é outro, eis o problema. Se o aspecto religioso vem como consequência, aí teremos uma outra questão, um outro modo de proceder. O espiritismo visto como um laço moral que une seus adeptos pode ser dito religião, mas Kardec reconsidera:

> Por que, então, declaramos que o Espiritismo não é uma religião? Porque não há uma palavra para exprimir duas ideias diferentes, e que, na opinião geral, a palavra religião é inseparável da de culto; desperta exclusivamente uma ideia de forma, que o Espiritismo não tem. Se o Espiritismo se dissesse uma religião, o público não veria aí senão uma nova edição, uma variante, se quiser, dos princípios absolutos em matéria de fé, uma casta sacerdotal com seu cortejo de hierarquias, de cerimônias e de privilégios; não o separaria das ideias de misticismo e dos abusos contra os quais tantas vezes se levantou a opinião pública. (*RE*, dezembro de 1968, p. 357)

Não é por esse caminho que o espiritismo brasileiro está indo? E já com bases bem consolidadas? Vejam a manutenção subreptícia de dogmas, como o da virgindade de Maria e do corpo divino de Jesus. Centros espíritas que são verdadeiros templos religiosos, líderes agem como verdadeiros bispos ou pastores, tomando conta de suas ovelhas, proclamando o espiritismo à moda deles mesmos. Continuemos com Kardec:

> Não tendo o Espiritismo nenhum dos caracteres de uma religião, na acepção usual do vocábulo, não podia nem devia enfeitar-se com um título sobre cujo valor inevitavelmente se teria equivocado. Eis porque simplesmente se diz: doutrina filosófica e moral. (*RE*, dezembro de 1968, p. 357)

Kardec aqui estava considerando religião na acepção católica do verbo latino *religare* (nova aliança com Deus através do Filho), mas, na verdade, a palavra **religião** vem do latim *religionis* (culto prestado aos deuses), sua verdadeira acepção para religião. Nesse ponto, pode haver religiosidade a partir do *conhecimento* espirita, sendo então o aspecto religioso espirita uma consequência de sua proposta filosófica e moral. Sugerimos, como leitura complementar, o trabalho *Espiritismo: religião natural*, (publicado pela FESPE/Lachâtre), em que sugerimos entender o espiritismo não como uma *religião instituída*, mas como uma doutrina filosófica que desperta a religiosidade com grande força e poder no coração humano.

O que teria isso tudo com as reuniões espiritas? Muita coisa, visto que as reuniões espiritas devem ser conduzidas cientificamente, utilizando os recursos da religiosidade:

> As reuniões espíritas podem, pois, ser feitas religiosamente, isto é, com o recolhimento e o respeito que comporta a natureza grave dos assuntos de que se ocupam. Pode-se mesmo na ocasião, fazer preces que, em vez de serem ditas em particular, são ditas em comum, sem que por isso as tomem por *assembleia religiosa*. Não se pense que isto seja um jogo de palavras; a nuança é perfeitamente clara, e a aparente confusão é devida á falta de um vocábulo para cada ideia. (*RE*, dezembro de 1868, p. 357).

Observe-se que a prece baseada na fé raciocinada é um pedido a Deus e uma evocação dos bons espíritos. Ela também providencia o recolhimento e a harmonia mental no ambiente. Fazem-se necessários comportamentos científicos capazes de dar condições à realização segura das reuniões, mas também deve haver um componente de respeito religioso a Deus e aos bons espíritos.

Todos os posicionamentos doutrinários de Kardec aqui expostos têm sua razão de ser, não há neles um só aspecto místico, nem a própria prece, que é colocada como uma conversa com Deus e com os bons espíritos, providenciando sintonia. O que foi visto, senão a uniformidade doutrinária, unidade de princípios, ordem, regularidade, educação mediúnica, homogeneidade, harmonia, preces, variedades das reuniões, comunhão de pensamentos, formação consciente de grupos, procedimentos básicos para bom funcionamento e aproveitamento máximo da força psíquica empregada, métodos de avaliação e de trabalho? Acreditamos que é possível a aplicação da metodologia de Kardec para alcançarmos êxito nesse ou naquele campo da atividade mediúnica. A proposta dessa leitura dos textos específicos de Kardec pareceu-nos útil para estabelecermos parâmetros seguros em nossos trabalhos **medianímicos.**

SEPARATA

ORGANIZAÇÃO DO ESPIRITISMO

(Extraído da *Revista Espírita* de dez. de 1861)[23]

1. Até o presente, os Espíritas, já em grande número, estão espalhados por todos os países, e isso não é uma das características mais marcantes da Doutrina Espírita. Como uma semente levada pelo vento, ela criou raízes em todos os pontos do globo, prova evidente que sua propagação não é o efeito nem de uma convenção, nem de uma influência local e pessoal. Os adeptos, antes isolados, surpreendem-se hoje, de se encontrar em tão grande número. E como a similaridade das ideias inspira o desejo da aproximação, eles procuram se reunir e fundar as **Sociedades**. Assim, de vários lugares, nos manifestam o desejo de se unir à Sociedade central de Paris. É chegado o momento de nos ocuparmos do que podemos chamar de *Organização do Espiritismo*. *O livro dos médiuns* contém observações importantes sobre a *Formação das Sociedades Espíritas*, sobre as quais nós devemos rever e meditar com carinho. A experiência vem a cada dia lhes confirmar a justeza, e nós as citaremos sucintamente, acrescentando instruções que se tornarem necessárias.

2. Falemos primeiro dos adeptos que se encontram ainda isolados no meio de uma população ou hostil, ou ignorante em relação às nossas ideias. Nós recebemos diariamente cartas de pessoas que se encontram nesta situação e que nos pedem para que digamos o que elas podem fazer na falta de médiuns e de companheiros espíritas. Elas se encontram na situação em que se encontravam os primeiros espíritas dos centros hoje mais numerosos. Pouco a pouco, os adeptos se multiplicam e, hoje, eles contam em centenas e milhares; isso acontecerá no mundo

23 Tradução de Luana P. Souza. Comentários e notas de L. Palhano Jr.

todo. É só uma questão de paciência. Quanto ao que os adeptos devem fazer, é muito simples. Podem primeiro trabalhar por conta própria, inteirar-se da doutrina através da leitura e meditação das obras básicas. Quanto mais se aprofundarem, mais descobrirão verdades consoladoras confirmadas pela sua própria razão. No seu isolamento, devem sentir-se felizes de serem os primeiros agraciados. Mas se se limitarem a retirar da doutrina uma satisfação pessoal, será uma espécie de egoísmo. Temos todos uma bela e importante missão a cumprir, aquela de refletir a luz ao redor de nós. Aqueles que aceitarem esta missão sem serem detidos pelas dificuldades serão largamente recompensados pelo sucesso e pela satisfação de ter feito uma coisa útil. Sem dúvida encontrarão oposição. Seremos levados à pilhéria e ao sarcasmo dos incrédulos, à maledicência mesmo das pessoas interessadas em combater a doutrina; mas onde estará o mérito se não houver nenhum obstáculo a vencer? Àqueles, portanto, que desistirem frente ao receio pueril do que outros podem falar, nós nada temos a dizer, nenhum conselho a dar. Mas àqueles que tiverem a coragem de emitir sua opinião, que estão acima de mesquinhas considerações mundanas, dizemos que o que têm a fazer resume-se em falar abertamente do Espiritismo, sem afetações, como de uma coisa simples e natural, sem pregá-lo, e sobretudo sem procurar forçar sua convicção, nem a fazer prosélitos. *O Espiritismo não deve ser imposto; vem-se a ele quando se tem necessidade*, e porque ele oferece o que as outras filosofias não oferecem. Convém mesmo não dar explicações aos incrédulos obstinados; seria dar a eles muita importância e fazê-los crer que nos preocupamos com eles. Os esforços que fizermos para atraí-los, os afastarão, e por amor próprio eles resistirão na oposição em que se colocam. Eis porque é inútil perder nosso tempo com eles. Quando a necessidade se fizer sentir, eles virão por si mesmos. É necessário esperar e deixá-los, tranquilos, encontrarem sua satisfação no seu ceticismo que, creiam, pesa sobre eles mais do que desejam aparentar, pois a ideia do nada após a morte tem qualquer coisa de assustadora, mais terrível que a própria morte.

Mas, pilhérias à parte, haverá pessoas que perguntarão: O que é isso? Apressem-se a lhes satisfazer a curiosidade, proporcionando-lhes suas explicações de acordo com a disposição que observar nelas. Quando se fala do Espiritismo de uma forma geral, devemos considerar as palavras que falamos como grãos jogados ao vento. Alguns caem sobre as pedras e nada produzem; mas se um apenas cair sobre terra fértil, fiquem contentes, cultivem-no e estejam certos de que esta planta, frutificando, multiplicar-se-á.

3. Falemos agora da organização do Espiritismo nos centros já numerosos. O crescimento incessante do número de adeptos demonstra a impossibilidade material de constituir numa cidade, e sobretudo numa cidade numerosa, uma sociedade única. Além do número, existe o problema das distâncias que é um grande obstáculo. Por outro lado, reconhece-se que as grandes reuniões[24] são menos favoráveis às belas comunicações e que as melhores se obtêm nos pequenos comitês. É preciso, portanto, multiplicar os grupos particulares. Assim, vinte grupos de quinze a vinte pessoas[25] obterão mais e farão mais pela propaganda que uma sociedade única de quatrocentos membros. Os grupos se formam naturalmente pela afinidade de gostos, de sentimentos, de hábitos e de posição social, onde todos se conhecem, e como são reuniões privadas, o número de participantes e a escolha dos que se admite são livres.

4. O sistema da multiplicação dos grupos tem, também, resultados no sentido de impedir os conflitos e as rivalidades de supremacia e de presidência. Cada grupo é naturalmente di-

[24] Neste ponto começa o interesse sobre este texto para complementação deste livro sobre *Reuniões mediúnicas*.

[25] Estamos obtendo, no CIPES, excelentes resultados, alguns já publicados, com a participação de seis a oito pessoas.

rigido pelo chefe da casa,[26] pelo criador do mesmo, ou aquele que para isso for designado. Não há propriamente dito o presidente oficial, pois tudo se passa em família. O chefe da casa tem autoridade para manter a boa ordem. Como uma sociedade propriamente dita, entretanto, é necessário um local especial, pessoal administrativo, um escritório, em resumo, complicações que poderão favorecer dissidências de membros mal intencionados.[27]

5. A todas estas considerações, longamente desenvolvidas em *O livro dos médiuns*, acrescentemos uma outra que é preponderante. O Espiritismo não é ainda visto com bons olhos em todo o mundo. Em breve, compreender-se-á que é de todo interesse favorecer uma crença que torne os homens melhores e que é uma garantia de ordem social. Mas, até que se esteja convencido da boa influência do Espiritismo sobre as massas e de seus efeitos morais, deve-se entender que seja por ignorância do verdadeiro objetivo da doutrina, seja do ponto de vista pessoal, nos depararemos com situações embaraçosas. Não seremos somente ridicularizados, mas quando virem se extinguir a arma do ridículo, seremos caluniados. Nos acusarão de loucura, de charlatanismo, de irreligião, de feitiçaria, a fim de recrudescer o fanatismo deles. De loucura! Sublime loucura a que faz crer em Deus e no futuro da alma. Para aqueles que não creem em nada, é, com efeito, loucura crer na comunicação entre os mortos e os vivos. Loucura que faz a volta ao mundo e ataca os homens mais distintos. De charlatanismo! Temos uma resposta imediata: o desinteresse material, pois o charlatanismo não é nunca desinteressado. De irreligião! **Nós, que uma vez que nos tornamos espíritas, somos mais religiosos do que éramos an-**

---

26 No início do espiritismo na França, as reuniões eram realizadas nas casas e quem dirigia era, naturalmente, o chefe da família, pois era uma sociedade paternalista.

27 O grupo de companheiros espíritas deve formar um centro espírita, com uma sociedade jurídica legalizada, para garantir a segurança das atividades em seus direitos e deveres.

tes.[28] De feitiçaria e comércio com o diabo! Nós, que negamos a existência do diabo e só reconhecemos Deus como Pai Todo Poderoso, soberanamente Bom e Justo; singulares feiticeiros, nós que renegamos o Mestre (o diabo) e agimos em nome de seu antagonista (Deus)!

Em verdade, o diabo não deve estar mesmo contente com seus adeptos. Mas as boas razões são o menor interesse daqueles que querem semear discórdia; quando se quer matar seu cão, diz-se que ele está com raiva. Felizmente, a Idade Média joga as últimas e pálidas luzes sobre o nosso século. Como o Espiritismo veio lhe dar o golpe de misericórdia, não é de se espantar vê-la tentar um supremo esforço, mas não devemos nos preocupar, pois a luta não será longa. Entretanto, que a certeza da vitória não nos torne imprudentes, pois a imprudência poderá, senão comprometer, pelo menos retardar o sucesso. Por estes motivos, a constituição das sociedades numerosas pode encontrar certos obstáculos em algumas localidades, o que não ocorreria com reuniões de família.[29]

6. Façamos ainda uma consideração. As sociedades propriamente ditas estão sujeitas a várias vicissitudes. Mil causas, dependentes ou não de nossa vontade, podem conduzir à dissolução. Suponhamos, portanto, que uma Sociedade Espírita una a ela adeptos de uma mesma cidade, e que, por uma circunstância qualquer, ela deixe de existir e eis os seus membros dispersos e desorientados. Agora, imaginemos que existam cinquenta grupos. Se alguns são desfeitos, restarão os outros, e outros ainda se formarão. São plantas que renascem de mudas das que morreram. Não tenhamos um campo com apenas uma grande árvore. A tempestade pode abatê-la. Tenhamos cem,

---

[28] Para chamar a atenção, os termos e expressões que mais interessam a esta obra foram sublinhados pelo autor e comentarista. Os outros grifos são do próprio Kardec.

[29] Hoje em dia, a maior parte desses obstáculos previstos por Kardec já foram superados, principalmente no Brasil, onde os espíritas se impuseram pela presença moral, ensinando o bem proceder, aliviando os enfermos e amparando os desvalidos e, principalmente, consolando os sofredores.

pois o mesmo golpe não aniquilará todas e quanto menores elas foram, menos expostas estarão.[30]

Tudo está a favor do sistema que propomos. Logo que o primeiro grupo estabelecido em alguma parte se torne muito numeroso, que se faça como as abelhas: que um grupo saia da colmeia mãe a fim de fundar novas colmeias, que ao seu turno formarão outras.[31] Haverá muitos centros de ação irradiando em seu círculo respectivo, e mais eficiente para a propaganda que uma sociedade única.

7. A formação dos grupos estando admitida em princípio, várias questões importantes deverão ser examinadas. A primeira de todas é a **uniformidade da doutrina**. Esta uniformidade não será melhor garantida por uma Sociedade compacta, visto que os dissidentes terão sempre a facilidade de fazer grupos à parte. Seja a Sociedade única ou fracionada, a uniformidade será a consequência natural da **unidade de base** que os grupos adotarem. Ela será completa junto àqueles que seguirem a linha traçada por *O livro dos espíritos* e por *O livro dos médiuns*: um contém os princípios da filosofia e da ciência; o outro, as regras da parte experimental e prática. Estas obras foram escritas com clareza suficiente para não dar margem a interpretações divergentes, condição essencial de toda nova doutrina.

Essas obras servem de regulador para a imensa maioria dos espíritas, e em todos os lugares elas são acolhidas com uma simpatia sem equívocos. Aqueles que se separaram, logo reconheceram, no seu isolamento, e pelo número decrescente de seus participantes, que eles não partilhavam da opinião geral.

[30] Sábia proposta que não foi colocada em prática pelos espíritas brasileiros, que preferem criar instituições que atendam a muitos, em detrimento da qualidade. Mesmo assim, existem muitos centros que, mesmo agigantados em suas construções e numerosos em adeptos, conseguem dar grande contribuição social. Contudo, verifica-se sempre uma baixa na qualidade doutrinária (o ensino massificado sempre perde neste ponto) e alguma divergência entre os seus líderes que acabam por se separarem, como previu Kardec.

[31] Que isso aconteça antes das divergências, que só depõem contra os interesses da fraternidade legítima.

Esta aprovação dada pelo maior número é um grande peso. É um julgamento em que não se saberá suspeitar de influência pessoal, já que ele é espontâneo e ele é pronunciado por milhares de pessoas que nos são completamente desconhecidas. Uma prova desta receptividade é que nos pedem para traduzi-las (as obras básicas) para diversas línguas: em espanhol, em inglês, em português, em alemão, italiano, polonês, russo e mesmo em tártaro. Nós podemos, então, sem presunção, recomendar o seu estudo e prática nas diversas reuniões espíritas, e ainda mais que elas são as únicas obras em que a ciência espírita é tratada de uma maneira completa. Todas que foram publicadas antes sobre o assunto só tocaram alguns pontos isolados da questão. **De resto, nós não temos nenhuma pretensão de impor nossas ideias**. Nós as emitimos, como é nosso direito. Aqueles a quem elas convenham, que as adotem. Os demais que as rejeitem, como é também seu direito. As instruções que damos são, naturalmente, para aqueles que caminham conosco, para aqueles que nos honram com o título de seu *chefe espírita*, e nós não pretendemos, de modo algum, regulamentar aqueles que querem seguir outro caminho. Nós delegamos a doutrina que professamos à apreciação geral. Ora, nós encontramos suficientes adeptos para nos dar confiança e nos consolar de qualquer dissidência isolada. O futuro será o juiz em última instância.[32] Com os homens de hoje desaparecerão, pela força das coisas, as susceptibilidades de amor próprio ferido, as causas de ciúmes, de ambição, de esperanças materiais não realizadas. Não vendo mais as pessoas, só se verá a doutrina e o julgamento será mais imparcial. Quais são as ideias novas que, em sua aparição, não tiveram contraditores mais ou menos interessados? Quais são os propagadores dessas ideias que não estiveram expostos ao ciúme, sobretudo se o sucesso coroou seus esforços? Mas voltemos ao nosso assunto.

8. O segundo ponto é a **constituição dos grupos**. Uma das primeiras condições é a **homogeneidade**, sem a qual não haverá

[32] O futuro chegou e foi um juiz justo para os espíritas verdadeiros e sinceros.

comunhão de pensamentos. Uma reunião não pode ser nem estável nem séria, se não há simpatia entre aqueles que a compõem. E não pode haver simpatia entre pessoas que têm ideias divergentes e que se fazem oposição uns aos outros. Longe de nós, de dizer que se deve abafar a discussão, pois, ao contrário, nós recomendamos o exame escrupuloso de todas as comunicações e de todos os fenômenos. Que esteja bem entendido, que cada um pode e deve emitir sua opinião, mas existem pessoas que discutem para impor a sua, e não para se esclarecer. É contra o espírito de oposição sistemática que nos elevamos. Contra as ideias preconcebidas que não cedem, mesmo diante das evidências. Estas pessoas são, incontestavelmente, a causa de um problema que é preciso evitar. As reuniões espíritas estão, sob este ponto de vista, em condições excepcionais. O que elas requerem, acima de tudo, é recolhimento. Ora, como recolher-se, se a qualquer instante se está distraído por uma polêmica acirrada, se reina entre os assistentes um sentimento de animosidade e, quando se sente ao redor de si seres que sabemos serem hostis, sobre a face dos quais se lê o sarcasmo e o desdém para tudo aquilo que não é compreendido pelos seus sentidos?

9. Traçamos em *O livro dos médiuns* (nº 28), a característica das principais classes de espíritas. Esta distinção, sendo importante para o assunto de que nos ocupamos, deve ser lembrada.

Podemos colocar em primeira linha aqueles que creem puramente e simplesmente nas manifestações. O Espiritismo nada é para eles além de uma ciência de observação, uma série de fatos mais ou menos curiosos. A filosofia e a moral são acessórios de que eles se preocupam pouco, ou de que eles não entreveem a importância. Nós os chamamos **Espíritas Experimentadores**.[33]

---

[33] É preciso aqui esclarecer que existem, se bem que raros, **espíritas experimentadores** que têm visão e espírito de análise para empreenderem pesquisas úteis ao bom andamento e crescimento do espiritismo como Ciência e como Doutrina. Estes não devem ser considerados *espíritas experimentadores*, segundo os termos de Kardec aqui expostos.

Em seguida estão aqueles que veem no Espiritismo algo além dos fatos. Eles compreendem a importância filosófica, eles admiram a moral que dele resulta, mas não a praticam. Eles se extasiam diante de belas comunicações, como diante de um eloquente sermão, que se escuta sem dele tirar vantagem. A influência dele sobre seus caracteres é insignificante ou nula. Eles não mudam nada em seus hábitos e não se privam de nenhum prazer. O avaro é sempre avaro, o orgulhoso sempre cheio de si, o ciumento sempre hostil. Para aqueles, a caridade cristã não é senão uma bela máxima, e os bens deste mundo estão em sua estima, acima daqueles da vida futura. Estes são os **Espíritas Imperfeitos**.

Ao lado destes, existem outros, muito mais numerosos do que se pensa, que não se limitam a admirar a moral espírita, mas que a praticam e a aceitam para si mesmos com todas as suas consequências. Convencidos de que a existência terrestre é uma prova passageira, eles procuram tirar proveito destes curtos instantes para caminhar na via do progresso, se esforçando em fazer o bem e reprimir suas más tendências. Suas relações são sempre seguras, pois sua convicção lhes afasta de todo mau pensamento. A caridade é, sobretudo, a regra de sua conduta. Estes são os **verdadeiros espíritas**, ou melhor, os **Espíritas Cristãos**.[34]

10. Se ficou bem entendido o que precede, compreender-se-á também que um grupo exclusivamente formado de elementos desta última classe estará em melhores condições, pois é entre estas pessoas que praticam a lei de amor e de caridade[35] que um laço fraternal sério pode se estabelecer. Entre homens

---

[34] A expressão *espíritas cristãos* usada aqui por Kardec significa que ele considerava, realmente, o espiritismo como o Cristianismo Redivivo, o Consolador prometido, representado pelo Espírito de Verdade. Portanto, ser espírita verdadeiro é o mesmo que ser cristão, pois que tem o Cristo como modelo.

35 Não se entenda as expressões *amor e caridade* apenas como atividades assistenciais e filantrópicas, mas no sentido mais amplo, incluindo, sobretudo, a *caridade moral*.

para quem a moral é só uma teoria, a união não será durável. Como eles a si mesmos não impõem freios ao seu orgulho, à sua ambição, à sua pretensão, ao seu egoísmo, eles não porão freio em suas palavras. Eles quererão aparecer, quando deveriam se ocultar. Eles se irritarão com as contradições e não terão nenhum escrúpulo em semear a desordem e a discórdia. Entre **verdadeiros espíritas**, ao contrário, reina um sentimento de confiança e de bem querer recíproco. As pessoas se sentem à vontade neste meio simpático, enquanto que existe contrariedade e ansiedade num meio misto.

11. Eis a natureza das coisas e nós não inventamos nada a este respeito. Segue-se que, na formação dos grupos, é preciso exigir a perfeição? Isso seria simplesmente absurdo, porque seria querer o impossível, e se assim fosse, ninguém poderia fazer parte do grupo. O Espiritismo, tendo por objetivo a melhoria dos homens, não vem procurar aqueles que são perfeitos, mas aqueles que se esforçam para tornarem-se melhores, colocando em prática o ensinamento dos Espíritos. O verdadeiro espírita não é aquele que atingiu o objetivo, mas o que verdadeiramente quer atingir. Quaisquer que sejam seus antecedentes, ele é bom espírita desde que reconheça suas imperfeições e que seja sincero e perseverante no seu desejo de se corrigir. O Espiritismo é para ele uma verdadeira regeneração, pois ele rompe com seu passado. Indulgente para com os outros, como ele gostaria que fossem com ele, não sairia de sua boca nenhuma palavra maldosa, nem aquela que poderia ferir alguém. Aquele que, numa reunião, se afastar das conveniências, provará não somente uma falta de saber viver e de urbanidade, mas uma falta de caridade. Aquele que se ressentir com a contradição e pretender impor sua pessoa ou suas ideias, dará prova de orgulho. Ora, nem um, nem outro estarão no caminho do verdadeiro Espiritismo, quer dizer, do **Espiritismo cristão**. Aquele que acredita ter uma opinião mais justa que os outros fará melhor se demonstrá-la pela doçura e persuasão; a acidez de sua parte será uma má opção.

12. A simples lógica demonstra, então, a qualquer um que conheça as leis do Espiritismo, quais são os melhores elementos da composição dos grupos verdadeiramente sérios, e nós não hesitamos em dizer que são estes que têm a maior influência na propagação da doutrina. Pela consideração que eles impõem com suas presenças, pelo exemplo que eles dão de suas consequências morais, eles provam a sua gravidade e impõem silêncio à maledicência. Mas, o que quer você que pense um crítico incrédulo, quando assiste às experiências de um grupo que as praticam como a um jogo? Eles dali sairão um pouco mais incrédulos que quando entraram.

13. Nós indicamos a melhor composição dos grupos, mas a perfeição não é mais possível nos grupos que nos indivíduos. Nós indicamos o objetivo, e nós dizemos que quanto mais nos aproximarmos dele, mais os resultados serão satisfatórios. Às vezes somos dominados pelas circunstâncias, mas é necessário que tomemos todos os cuidados para transpor os obstáculos. Infelizmente, quando criamos um grupo, somos muito pouco rigorosos em relação à escolha dos seus componentes, porque queremos, antes de mais nada, formar uma coligação. É suficiente, na maior parte das vezes, para se ser admitido, um simples desejo, ou uma adesão qualquer às ideias mais gerais do espiritismo. Mais tarde, percebemos que fomos muito ingênuos.

14. Num grupo, existe sempre o elemento estável e o flutuante. O primeiro se compõe de pessoas assíduas que formam a base. O segundo, daquelas que são admitidas temporária e acidentalmente. É necessário que se tenha uma atenção escrupulosa quanto à composição desse primeiro grupo, e nesse caso, não se deve hesitar em sacrificar a quantidade pela qualidade, pois é ela que dá a impulsão e serve de regulador. O elemento flutuante é menos importante, porque somos sempre livres para modifica-lo segundo nossa vontade. Não se deve perder de vista que as reuniões espíritas, como todas as reuniões em geral, possuem a fonte de sua vitalidade na base em que são constituídas.

Tudo depende, então, do ponto de partida. Aquele que tiver a intenção de organizar um grupo com boas condições, deve, antes de tudo, se assegurar do concurso de alguns adeptos sinceros, que levam a doutrina a sério e cujo caráter **conciliador** e bom seja conhecido. Essa coligação estando formada, **não necessitando mais que três ou quatro pessoas**, devem-se estabelecer regras precisas, seja para as admissões, seja pela condução das sessões, seja pela ordem dos trabalhos, regras às quais os novos membros terão que se adaptar. Estas regras podem sofrer modificações segundo as circunstâncias, mas devem existir algumas essenciais.

15. A **unidade de princípios**, sendo um dos pontos importantes, ela não pode existir naqueles que não tendo estudado, não podem formar uma opinião. A primeira condição a se impor, se não se quer estar a cada instante distraído por objeções e questões divagadoras, é **o estudo prévio das obras básicas do Espiritismo**. A segunda é uma **profissão de fé categórica** e **uma adesão formal** à doutrina de *O livro dos espíritos* e tantas outras condições especiais que julgaremos a propósito. Tudo isso é para os membros titulares e dirigentes. Com os assistentes, que vêm geralmente para adquirir um suplemento de conhecimentos e de convicção, podemos ser menos rigorosos. Entretanto, como eles podem causar problemas com observações inoportunas, é importante que se assegure de seus propósitos.[36] É preciso, sobretudo e sem exceção, descartar os curiosos e quaisquer pessoas que venham por motivos frívolos.

16. A **ordem e a regularidade** dos trabalhos são coisas igualmente essenciais. Achamos muito útil abrir as sessões pela leitura de algumas passagens de *O livro dos espíritos* e de *O livro*

[36] Nas primeiras reuniões mediúnicas, eram admitidos assistentes, o que não é prática hoje em dia, visto que essas reuniões foram-se especializando e há necessidade de maior harmonia de pensamentos entre os frequentadores, o que é impossível numa reunião com assistência numerosa. Para as pessoas que queiram completar seus estudos indo ao Centro Espírita, já existem as chamadas reuniões públicas, algumas enriquecidas com mensagens espíritas, sessões de passes e preces dirigidas, além das reuniões de estudos sistemáticos.

dos médiuns. Assim procedendo, teremos sempre presentes na memória os princípios da ciência e os meios de evitar as pedras que encontramos a cada passo durante a prática. A atenção se fixará sobre um conjunto de pontos que escapam sempre de uma leitura particular, e poderão dar lugar a comentários e a discussões instrutivas das quais os espíritos protetores poderão mesmo tomar parte.[37]

Não é menos necessário **recolher e analisar todas as comunicações obtidas, por ordem de data, com indicação do médium que serviu de intermediário. Essa última atitude é útil para estudar o tipo de mediunidade de cada um.**[38] Mas acontece, frequentemente, que se perdem de vista as comunicações, que se tornam letras mortas. Isto desencoraja os Espíritos que as deram a fim de instruir os participantes. É necessário, portanto, fazer um apanhado das mensagens mais instrutivas e, de tempos em tempos, fazer uma releitura. Essas comunicações são, quase sempre, de interesse geral, e não são dadas pelos Espíritos para instrução de alguns poucos e para serem esquecidas nos arquivos. É preciso, então, que elas sejam levadas ao conhecimento de todos pela publicidade. Nós examinaremos essa questão num artigo futuro, indicando o modo mais simples, mais econômico e ao mesmo tempo mais apropriado para atender ao objetivo.

17. Como se pode ver, nossas instruções se dirigem exclusivamente aos grupos formados de elementos sérios e homogêneos. Àqueles que querem seguir o caminho do Espiritismo moral, buscando o progresso de cada um, objetivo essencial e único da doutrina. Àqueles, enfim, que querem nos aceitar por guia e levar em conta os conselhos de nossa experiência. É incontestável que um grupo formado nas condições indicadas funcionará com regularidade, sem entraves, e de maneira a dar frutos. **O que um grupo pode fazer, outros também podem.**

---

[37] Quando Kardec escreveu essas orientações, *O Evangelho segundo o espiritismo* não havia sido publicado, ainda.

[38] Tal procedimento tem dado ótimos resultados nos trabalhos mediúnicos do Cipes.

Suponhamos então, numa cidade, um número qualquer de grupos constituídos sobre as mesmas bases. Certamente, haverá entre eles unidade de princípios, visto que eles têm, por máxima, amor e caridade. São, em resumo, membros de uma mesma família, entre os quais não deverá haver nem concorrência, nem rivalidade de amor próprio, já que estão todos animados pelos mesmos bons sentimentos.

18. Deve haver, portanto, entre eles, um ponto de ligação, um centro de ação. Segundo as circunstâncias e as localidades, os diversos grupos, colocando de lado todas as questões pessoais, podem designar aquele, que por sua posição e sua importância relativa, será o mais apto a dar ao Espiritismo o impulso saudável. Segundo a necessidade, já que é preciso gerenciar as susceptibilidades, um grupo central, formado de delegados de todos os grupos, tomará o nome de **Grupo Diretor**.[39] Na impossibilidade de nos correspondermos com todos, é com este que faremos contato mais direto. Poderemos igualmente, em certos casos, designar uma pessoa capacitada para nos representar.

Sem prejuízo para as relações que se estabelecerem pela força das coisas entre os grupos de uma mesma cidade, caminhando na mesma direção, uma assembleia anual[40] poderia reunir os espíritas de diversos grupos numa festa em família, que seria ao mesmo tempo a festa do Espiritismo. Discursos seriam pronunciados e seriam feitas leituras das comunicações mais marcantes ou apropriadas à circunstância.[41]

O que é possível, entre os grupos de uma mesma cidade, é igualmente viável entre os grupos diretores de diferentes ci-

---

[39] Existem, hoje, as chamadas Uniões ou Alianças Municipais Espíritas que, por sua vez, são ligadas a um movimento federativo (Federações Espíritas) estadual, nacional e até internacional.

[40] Temos os Conselhos Federativos estaduais e o nacional. O fator mais difícil tem sido a manutenção de uma representatividade mais real, que a que vem sendo muitas vezes praticada, ou seja, a nomeação de representantes estranhos às comunidades, devido às dificuldades diversas.

[41] Têm sido realizados Encontros e Congressos estaduais, nacionais e internacionais de espiritismo.

dades, já que existe entre eles comunicação de objetivos e de sentimentos, quer dizer, eles podem trocar conhecimentos. Nós indicaremos os meios, falando da publicidade.

19. Tudo isso, como se vê, é de uma execução muito simples e sem engrenagens complicadas. Mas tudo depende do ponto de partida, ou seja, a composição dos grupos primitivos. Se eles são formados por bons elementos, terão boas raízes que darão bons frutos. Se, ao contrário, são formados por elementos heterogêneos e antipáticos, de Espíritos duvidosos, preocupando-se mais com a forma que com o conteúdo, considerando a moral como a parte secundária, haverá polêmicas irritantes e sem solução, pretensões pessoais, mágoas e, em seguida, conflitos e desorganização. Entre verdadeiros espíritas, tais como nós definimos, os que veem o objetivo essencial do Espiritismo dentro da moral que é a mesma para todos, haverá sempre a abnegação da personalidade, condescendência e benevolência, e, em consequência, segurança e estabilidade nos resultados. Eis porque nós insistimos tanto nas qualidades fundamentais.

20. Dir-se-á, talvez, que as restrições severas são um obstáculo à propagação. É um erro. Não creia que abrindo as portas ao primeiro que chegar, se farão prosélitos. A experiência está aí para provar o contrário. Vocês serão atormentados por uma multidão de curiosos e indiferentes, que virão como a um espetáculo. Ora, os curiosos e os indiferentes são um embaraço, e não um auxílio. Quanto aos incrédulos por sistema ou por orgulho, o que quer que vocês lhes mostre, eles tratarão com desdém, pois não compreenderão e não fazem força para compreender. Nós dissemos e não cansaremos de repetir que a verdadeira propagação, aquela que é frutuosa, se faz pela **ascendência moral das reuniões sérias**. Se só existissem reuniões como estas, os Espíritas seriam ainda mais numerosos que hoje, pois é preciso dizer que muitos se desviaram da doutrina porque eles só assistiram reuniões fúteis, sem ordem e sem objetivo. Sejam, portanto, sérios, com toda a acepção da palavra,

e as pessoas sérias virão a vocês. Estes são os melhores propagadores, porque eles falam com convicção e pregam o exemplo mais que as palavras.

21. Pela característica séria das reuniões, não se deve concluir que devemos coibir as manifestações físicas. Como dissemos em *O livro dos médiuns*, elas são de uma utilidade incontestável do ponto de vista do estudo dos fenômenos e para convicção de certas pessoas. Mas para tirar vantagem desse duplo ponto de vista, é preciso excluir todo pensamento frívolo. Uma reunião que possuir um bom médium de efeitos físicos e que se ocupar deste gênero de manifestações com ordem, método e gravidade, **cuja condição moral ofereça todas as garantias contra o charlatanismo e a fraude**, não somente poderá obter resultados marcantes, do ponto de vista dos fenômenos, mas produzirá efeitos muito bons e mensuráveis.[42] Nós reforçamos, portanto, que não se deve negligenciar esse gênero de experiências, quando se tem à disposição médiuns apropriados e, dizemos, ainda, que se devem organizar sessões especiais, independentes daquelas que se ocupam das comunicações morais e filosóficas. Os médiuns de efeitos físicos são raros, mas existem fenômenos que, por serem mais fáceis de se obter, não são menos interessantes e concludentes, porque eles provam de uma maneira evidente a independência do médium. Desse tipo são as comunicações pela tiptologia alfabética,[43] que fornecem

---

[42] Existem reuniões ou sessões de efeitos físicos e até de materializações, mas, em sua maioria, por uma questão cultural, elas são realizadas com objetivo, quase que exclusivo, de tratamento de pessoas doentes. Os médiuns não se deixam experimentar e existem poucos experimentadores capacitados, permanecendo, os resultados obtidos, sob o véu do misticismo e da credulidade. Muitos dos doutrinadores brasileiros ainda dizem que a época dessas pesquisas já passou. É que eles não sabem ainda que mal foram dados os primeiros passos para o aperfeiçoamento do uso da ectoplasmia. Teremos chance de demonstrar isso em outra oportunidade, apontando novos rumos para a ectoplasmia e seus recursos psíquicos.

[43] "Quando as batidas designam as letras do alfabeto cuja reunião forma as palavras e as frases" (Allan Kardec, *Definições Espíritas*, "Vocabulaire Spirite").

seguidamente os resultados mais inesperados. A teoria desses fenômenos é necessária para poder compreender a maneira que os espíritos operam, pois é raro que se tenha uma convicção profunda se não se compreende bem o que se faz. Ela tem ainda a vantagem de fazer conhecer as condições normais nas quais os fenômenos podem se produzir e, consequentemente, evitar tentativas inúteis e mostrar a fraude, se ela existir em algum lugar.

Alguns acreditam injustamente que nós somos sistematicamente opositores às manifestações físicas. Nós preconizamos e preconizaremos sempre as **comunicações inteligentes**,[44] aquelas sobretudo que têm um teor moral e filosófico, porque somente elas **tendem ao objetivo essencial e definitivo** do Espiritismo. Quanto às outras, jamais contestamos a utilidade, mas nos elevamos contra o abuso deplorável que se faz e que se pode fazer, contra a exploração que o charlatanismo faz, contra as más condições nas quais se operam e que se prestam ao ridículo. Nós dissemos e repetimos que as manifestações físicas são o princípio da ciência, e que não avançamos se permanecemos no ABC. Pois, se o Espiritismo não tivesse saído das mesas girantes, não teria crescido como cresceu e não se falaria mais dele como se fala hoje em dia. Eis o motivo pelo qual nos esforçamos por fazê-lo entrar na via filosófica, que visa mais a inteligência que os sentidos, tocando os corações, e não será apenas modismo. É somente nessa condição que o Espiritismo poderá dar a volta ao mundo e se implantar como doutrina.[45] O resultado ultrapassou muito nossa expectativa. Nós damos às manifestações físicas uma importância relativa, e não absoluta. Eis nossa injustiça aos olhos de certas pessoas que fazem delas sua ocupação exclusiva e não veem nada adiante. Se nós não

---

[44] Hoje, já está bem demonstrado que, através dos efeitos físicos, pode-se conseguir efeitos inteligentes, como no caso das materializações parciais ou totais de espíritos, e mesmo pelo sinais que se conseguem na tiptologia ou na sematologia fenomênicas.

[45] Como já aconteceu, e hoje, após 137 anos depois que Kardec escreveu estas linhas, está constatado.

nos ocupamos delas pessoalmente, é que elas não nos ensinarão nada de novo e temos coisas mais importantes a fazer. Longe de criticar quem se ocupa delas, nós os encorajamos, ao contrário, se o fazem em condições realmente proveitosas. Todas as vezes que conhecermos reuniões desse gênero que mereçam nossa confiança, nós seremos os primeiros a recomendar a atenção dos novos adeptos. Esta é, sobre essa questão, nossa profissão de fé categórica.

22. Dissemos, no início, que muitas reuniões espíritas pediram para se unir à Sociedade de Paris, nos servimos mesmo da palavra **filiar-se**. Uma explicação se faz necessária a esse respeito.

A Sociedade de Paris foi a primeira a ser regularmente e legalmente constituída. Por sua posição e natureza de trabalhos, ela teve um grande peso no desenvolvimento do Espiritismo e justifica, em nossa opinião, o título de **Sociedade Iniciadora**, que certos espíritas lhe deram. Sua influência moral se fez sentir ao longe e, ainda que tenha sido restrita, numericamente falando, ela teve a consciência de ter feito mais propaganda que se tivesse aberto as portas ao público. Ela se formou com o único objetivo de estudar e aprofundar a ciência espírita.[46] Não necessitou, para isso, nem de um auditório numeroso, nem de muitos membros, sabendo-se muito bem que a verdadeira propaganda se faz pela influência dos princípios. Como ela não era movida por nenhuma via de interesse material, um excedente numérico seria mais nocivo que útil. Viu também, com prazer, multiplicar-se ao seu redor, reuniões particulares formadas com boas condições e com as quais ela poderá estabelecer relações de fraternidade. Ela não seria nem de conformidade com os seus princípios, nem ao nível de sua missão, se pudesse conceber a sombra do ciúme. Aqueles que a creem capaz disso, não a conhecem.

Essas observações são suficientes para mostrar que a Sociedade de Paris não teve a pretensão de absorver as outras so-

[46] Objetivo também do Cipes.

ciedades que se formaram em Paris. A palavra filiação[47] seria, portanto, imprópria, pois ela suporia uma supremacia material à qual nunca aspiramos e que teria inconvenientes. Como uma sociedade iniciadora e central, ela pode estabelecer, com os outros grupos ou sociedades, relações de cunho puramente científico, mas a isso se limita seu papel. Ela não exerce nenhum controle sobre as sociedades, que são inteiramente livres para se constituir como lhes aprouver, sem prestar contas a ninguém e sem que a Sociedade de Paris se intrometa em seus assuntos.[48] As sociedades estrangeiras podem, portanto, se formar sobre as mesmas bases, declarar que adotam os mesmos princípios, concentrando seus estudos e pedindo, vez por outra, à Sociedade de Paris, conselhos que esta terá prazer em dar.

A Sociedade de Paris não se acha mais do que ninguém ao abrigo das vicissitudes. Se ela tivesse as outras, por assim dizer, nas mãos e, se por um motivo qualquer, deixasse de existir, faltaria o ponto de apoio e haveria uma perturbação geral. **Os grupos ou sociedades devem procurar um ponto de apoio mais sólido que uma instituição humana necessariamente frágil. Eles devem buscar sua vitalidade nos princípios da doutrina, que são os mesmos para todos e que sobrevivem às controvérsias, sejam eles representados ou não por uma Sociedade constituída.**

23. O papel da Sociedade de Paris, estando assim claramente definido, evita qualquer equívoco e falsa interpretação, as relações que ela venha a estabelecer com as Sociedades estrangeiras são extremamente simples. Elas se referem às relações morais, científicas e de mútua benfeitoria, sem nenhuma subordinação. Elas transmitirão, umas às outras, os resultados de suas observações, seja através das publicações, seja por correspondência. Para que a Sociedade de Paris possa estabelecer estas relações, é necessário que se faça uma centralização de contatos com todas as outras. Se existirem vários grupos numa

[47] O termo usado hoje em dia é mais apropriado: *adesão*.
[48] Autonomia dos Centros Espíritas.

cidade, cada um terá um representante cadastrado na Sociedade Central, de que falamos no número 18.

24. Lembraremos agora alguns trabalhos dos quais poderão participar as diversas Sociedades de um modo produtivo e útil. Depois indicaremos outros.

Sabemos que os Espíritos, não tendo a soberana ciência, podem nos transmitir alguns princípios do ponto de vista pessoal e, consequentemente, não estarem todos de acordo. O melhor critério da verdade está na concordância dos princípios ensinados de vários pontos de vista por Espíritos diferentes e pela confirmação através de informações e mensagens obtidas com médiuns estrangeiros.[49] Foi desta forma que o *O livro dos espíritos* foi feito. Mas existem ainda muitas questões importantes que poderão ser solucionadas desta maneira e cuja solução terá tanto ou mais autoridade que se obtida por uma grande maioria. A Sociedade de Paris poderá, portanto, colocar questões dessa ordem a todas as sociedades que estão em contato, que solicitarão, através de seus médiuns, a orientação dos seus guias espirituais.[50]

Um outro trabalho consiste nas pesquisas bibliográficas.[51] Existe um grande número de obras novas e antigas nas quais se encontram testemunhos mais ou menos diretos em favor das ideias espíritas. Uma compilação desses testemunhos seria preciosa, mas é praticamente impossível que seja feita por uma única pessoa. É mais fácil se cada um buscar os elementos em suas leituras ou estudos e enviá-los à Sociedade de Paris para que esta os compile.

[49] Universalidade dos ensinos dos espíritos. As pesquisas no Cipes dificilmente se baseiam na opinião de um médium, apenas, como demonstrado nos trabalhos já publicados por nós.

[50] No espiritismo brasileiro atual, essa atitude tem sido praticamente impossível, tendo em vista que assumiu unicamente o aspecto religioso e crédulo.

[51] O Cipes tem contribuído bastante, baseado nesse conselho de Kardec. Muitas pesquisas bibliográficas foram realizadas por nossos pesquisadores e já se encontram devidamente publicadas. Para melhor esclarecimento, o leitor pode solicitar o catálogo do Cipes.

25. Essa é, no estado atual das coisas, a única organização possível do Espiritismo. Mais tarde, as circunstâncias poderão modificar-se, mas não é preciso fazer nada de inoportuno. Já é bastante se, de tempos em tempos, os adeptos se multiplicam. Existe nesta simples disposição uma ação que pode se estender ao infinito pela simplicidade mesma das engrenagens. Não procuremos, portanto, complicar, com medo de encontrar obstáculos. Aqueles que têm em nós alguma confiança, estejam certos de que não serão deixados para trás e que cada coisa virá ao seu tempo. É a eles que dizemos que não temos a intenção de nos impor àqueles que não caminham conosco.

Dizem, pejorativamente, que queremos fazer escola no Espiritismo. E por que não teríamos este direito? M. de Mirville não tentou fundar a escola demoníaca? Por que seríamos obrigados a seguir, por força, tal ou qual? Não temos o direito de ter uma opinião, de formulá-la, de publicá-la e de proclamá-la? Se ela encontra tão grande número de adeptos, é que aparentemente existe nela um senso comum. Mas o nosso defeito está, aos olhos de certas pessoas que não nos perdoam, sermos mais rápidos que elas e, sobretudo, de havermos conseguido muito bons resultados. Que seja, portanto, uma escola, já que querem assim, nós teremos orgulho de escrever sobre o frontispício: *Escola do Espiritismo Moral, Filosófico e Cristão*, e nós convidamos para que participem todos que têm por lema: **amor e caridade**. Àqueles que se unem a esta bandeira, destinamos toda a nossa simpatia, e nossa ajuda nunca faltará.[52]

ALLAN KARDEC

[52] O leitor, por si mesmo, pode constatar a grande atualidade dessas palavras de Kardec. Se todos seguissem com segurança essas bases preconizadas pelo Mestre de Lion, por certo teríamos, hoje em dia, uma maior unidade doutrinária, e muitas das doutrinas estranhas não teriam invadido nossos Centros.

ORIENTAÇÃO AO ESPIRITISMO[53]

"Que por aí se façam demonstrações físicas, que se veja aqui, que se escute ali, mas que no meio de vocês haja compreensão e que se amem."

RE março, 1859

Allan Kardec apresenta algumas observações sobre o que foi dito a respeito da última ciência, no que toca às manifestações físicas. Ele observa, a esse respeito, a instrução dada por São Luiz, no mês de novembro de 1858, sobre o objetivo dos trabalhos da sociedade. Esta instrução de São Luís é assim formulada:

> Zombaram das *mesas girantes*, mas não se zombará jamais da filosofia, da sabedoria e da caridade que brilham nas comunicações sérias. Estas foram o *hall* da Ciência. É lá, no vestíbulo da entrada, que, entrando, devemos deixar os preconceitos como deixamos o sobretudo. Eu nunca deixarei de incentivá-los a fazer de suas reuniões um núcleo sério: que se façam demonstrações físicas, que se veja, que se escute, *mas que vocês se compreendam e se amem uns aos outros*. Que pensam vocês que são, aos olhos dos Espíritos Superiores quando fazem rodar ou elevar uma mesa? Estudantes primários. O sábio passa seu tempo a recordar o ABC da Ciência? Não, porém, quando os Espíritos Superiores observam que vocês procuraram as comunicações sérias, consideram-nos como homens em busca da verdade.
>
> Não é esse, senhores, um admirável programa traçado com esta precisão, esta simplicidade de palavras que caracterizam os Espíritos verdadeiramente superiores? A expressão: **que**

[53] Pensamentos de Allan Kardec. Tradução de Luana P. Souza e comentários e notas de L. Palhano Jr. sobre textos de Allan Kardec extraídos da *Revista Espírita* 1860 (Quarta, 9 de novembro de 1860, Ciências Gerais).

> **vocês se compreendam**, quer dizer que nós devemos tudo aprofundar, para estar a par de tudo; depois, disse ainda São Luís: **que entre vocês haja amor**, quer dizer, que a caridade, uma benfeitoria mútua, deve ser o objeto de nossos esforços, o laço que deve nos unir, a fim de mostrar por nosso exemplo o verdadeiro objetivo do Espiritismo. Nos enganaremos estranhamente sobre o sentimento da Sociedade Espírita, se acreditarmos que ela desconsidera o que se faz por aí. Nada é inútil e as experiências físicas têm também sua vantagem, pois que ninguém as contesta. Se não nos ocupamos mais delas, é porque nós temos uma outra bandeira. Nós temos nossa especialidade de estudos como outros têm as suas, mas tudo isso se confunde num objetivo comum: o progresso e a propagação da ciência.[54]

Sobre esse comportamento diante dos fenômenos espíritas ou medianímicos, Kardec insistiu em abordar o assunto outras vezes, como tornou a fazê-lo no final de 1859:[55]

> Nossa linha de conduta não poderia ser melhor traçada que pelas admiráveis palavras que o Espírito de São Luiz nos direcionou, e que nós não devemos jamais perder de vista. Estas palavras: **que entre vocês haja compreensão**, são todo um ensinamento. Nós devemos compreender e procurar compreender, pois nós não queremos crer como cegos: **a razão é a chama que nos guia**. Mas a razão de um só pode se desviar, eis porque nos reunimos em sociedade, a fim de nos esclarecermos mutuamente pelo concurso recíproco de nossas ideias e observações. Caminhando sobre este terreno, nós nos assemelhamos a todas as **instituições científicas**, e nossos trabalhos farão prosélitos sérios, ao invés de passarmos nosso tempo somente fazendo girar e bater mesas. Nós queremos estar bem saciados. Nós queremos um alimento mais sólido, eis porque procuramos penetrar nos mistérios do mundo invisível, cujos fenômenos elementares são apenas os primeiros indícios.

---

[54] Kardec não era propriamente contra a realização de sessões de efeitos físicos, mas considerava importantes os objetivos para os quais elas estavam sendo realizadas. Ele, contudo, propunha-se a aprofundar mais os estudos das consequências científicas e filosóficas provenientes da observação dos fenômenos, e não propriamente observar o fenômeno pelo fenômeno.

[55] Extraído da *Revista Espírita* de 1859 (discurso de fechamento do ano social 1858-1859).

Aquele que sabe ler se diverte em repetir sem parar o alfabeto? Nós teremos, talvez, um grande número de curiosos que passarão por nossa ciência como personagens de um panorama móvel (ou mutável),[56] mas esses curiosos, que não poderão tirar conclusões à vista de um fenômeno inexplicado para eles, que o julgarão sem se aprofundar, serão um obstáculo aos nossos trabalhos. Eis porque, não querendo nos desviar da **nossa característica científica**, nós rejeitamos todos aqueles que não vêm em nossa direção com um objetivo sério. O Espiritismo tem consequências tão graves, ele toca em questões de tal porte, ele dá a chave de tantos problemas, nós possuímos, enfim, tão profundo ensinamento filosófico, que perto de tudo isso uma mesa girante é uma verdadeira infantilidade (um brinquedo).

A observação dos fatos sem uma razão plausível é insuficiente, dizemos, para levar a uma convicção completa, e é exatamente aquele que se declara convencido por um fato que não compreendeu que podemos taxar de vulgar. Mas essa maneira de proceder tem um outro inconveniente, que é preciso assinalar e de que cada um de nós pode ser testemunha: é a mania da experimentação que surge como uma consequência natural. Aquele que vê um fato espírita sem ter estudado todas as circunstâncias, não vê além de um fato material, e o julga segundo suas próprias ideias, sem procurar fora das leis conhecidas e pode haver, aí, leis desconhecidas. Ele crê poder manobrar segundo sua vontade. Ele impõe condições e não será convencido se o fato se passar de uma outra forma e não daquela esperada.

Eles querem experimentar os Espíritos como a uma pilha elétrica. Não conhecendo nem sua natureza, nem seu modo de ser, que nunca estudaram, eles creem poder impor aos Espíritos sua vontade, e acham que eles devem agir a partir de um sinal dado, a fim de que possam ser convencidos. Como os Espíritos se dispõem, por quinze minutos, a ouvi-los, eles imaginam que os devem se colocar às suas ordens. Estes são erros nos quais não caem aqueles que se aprofundam nos estudos. Estes sabem dos obstáculos e não buscam o impossível. Em lugar de chamar os Espíritos segundo seu ponto de vista, coisa a que os Espíritos não se prestam, eles se colocam sob o ponto de vista dos Espíritos e, para eles, os fenômenos mudam de aspecto.

---

[56] Filme animado.

> Para atingir esse objetivo, é necessária a paciência, a perseverança e uma vontade firme, sem as quais não se chega a nada. Quem quer que deseje realmente saber, deve se submeter às condições do fenômeno, e não submeter o fenômeno às suas próprias condições. Eis porque a Sociedade Espírita não se presta de forma alguma às experimentações que sabe que não apresentarão resultados, pois ela sabe por experiência que o Espiritismo, mais que qualquer outra ciência, não se aprende em poucas horas e de qualquer maneira. Como uma ciência séria, ela quer ser discutida por pessoas sérias, que compreendam as obrigações que impõem um estudo semelhante, quando se quer agir conscientemente.
>
> O Espiritismo não reconhece como sérias as pessoas que dizem: Deixe-me ver e eu estarei convencido. Será que elas querem dizer que negligenciamos os fatos? Muito pelo contrário, já que toda a nossa ciência está baseada nos fatos, nós pesquisamos com afinco todos os fatos que nos oferecem oportunidade de estudo, ou que confirmam os princípios admitidos. Quero dizer somente que não perdemos nosso tempo a reproduzir os fatos que já conhecemos, assim como os físicos não se divertem repetindo várias vezes as experiências da quais sabem que não vão extrair nada de novo. **Nós direcionamos nossa investigação para tudo aquilo que pode esclarecer nossa marcha, nos prendendo de preferência às comunicações inteligentes, fontes da filosofia espírita, e cujo campo é ilimitado, e não damos muita importância às manifestações puramente materiais, quando delas nada de interessante possa acrescentar ao que já conhecemos.**

Os conselhos de Kardec são muito atuais e preciosos, para que os deixemos de lado e não os levemos em consideração. Sendo, os fenômenos medianímicos, os frutos maduros colocados sobre a mesa pelos espíritos, Kardec soube aproveitar-lhes toda a seiva, sem desperdiçar nada, relegando os frutos que não eram aproveitáveis:

> Sua opinião sobre o Espiritismo, em geral, estando formada, você não tem necessidade de basear suas convicções nas provas materiais das manifestações físicas. Não se deve, entretanto, se fechar nos estudos dos princípios e questões morais, negligenciando o exame dos fenômenos que podem ajudar a pesquisa da verdade.

A crítica infundada nos reprova o fato de aceitarmos facilmente as doutrinas de certos Espíritos, sobretudo no que concerne às questões científicas. Essas pessoas mostram que não conhecem nem o verdadeiro objetivo da ciência espírita, nem o que propomos, portanto, temos o direito de retornar a elas a crítica de superficialidade no julgamento. Estamos longe de acolher todas as palavras que vêm dos Espíritos como artigos de fé. Sabemos que entre eles existem todos os graus de sabedoria e moralidade. Para nós, é todo um povo que apresenta variedades cem vezes mais numerosas que aquelas que vemos entre os homens. O que queremos, é estudar esse povo; é conhecê-lo e compreendê-lo. Para isso, estudamos as individualidades, observamos as nuanças, procuramos discernir os traços distintivos de sua conduta, de seus hábitos, de suas características. Queremos, enfim, nos identificar o quanto possível com o estado desse mundo.

Antes de alugar um imóvel, nós queremos conhecer como ele é, se nós estaremos bem acomodados, queremos conhecer os hábitos dos vizinhos que teremos, o tipo de sociedade que poderemos frequentar. Pois bem! O mundo espiritual é a nossa morada no futuro, são os costumes do povo no meio do qual viveremos, que os Espíritos nos mostram. Da mesma forma que entre nós, as pessoas ignorantes fazem uma ideia incompleta do nosso mundo material e do meio social a que não pertence, também os Espíritos, cujo horizonte moral é estreito, não podem representar o conjunto. Eles não podem, assim, nos ensinar sobre o mundo espiritual, do mesmo modo que um camponês não o pode fazer sobre a alta sociedade.

Seria, portanto, ter de nosso julgamento uma opinião muito pobre, pensar que nós escutamos todos os Espíritos como oráculos. Os Espíritos são o que são e não podemos mudar a ordem dos fatos. Não sendo todos perfeitos, só aceitamos suas palavras sob o benefício de inventário e não com a credulidade das crianças. Nós julgamos, comparamos e tiramos as consequências de nossas observações e aprendemos até com os erros dos Espíritos, pois não fazemos abnegação do nosso discernimento....

O ideal de Kardec é irrepreensível quanto à seriedade que se deve ter diante da realidade espiritual. O discernimento, o bom senso, unidos à observação, podem conduzir à verdade que necessitamos para vivermos com a nossa realidade espiritual:

> Que aqueles que acham que temos uma credulidade tão pueril, saibam que consideramos toda opinião expressa por um Espírito, como uma opinião individual, que nós só aceitamos uma ideia depois de ela ter sido submetida ao controle da lógica e dos meios de investigação que nos fornece a própria ciência espírita, meios que todos já conhecem.
>
> Este é, senhores, o objetivo a que se propõe a Sociedade Espírita, propriamente dita. Certamente, não cabe a nós ensinar Espiritismo, mas nos apraz falar dele aqui, a fim de que as nossas palavras ressoem ao longe, e que ninguém se engane sobre o seu verdadeiro caráter. De nossa parte, estamos contentes por termos podido seguir-lhes neste caminho sério que eleva o Espiritismo ao nível das ciências filosóficas. Seus trabalhos já apresentaram frutos, mas os frutos que apresentarão mais tarde serão incalculáveis se, como nós não duvidamos, vocês permanecerem nas condições propícias para atrair os bons Espíritos para perto de vocês.
>
> O objetivo da Sociedade não consiste somente na pesquisa dos princípios da ciência espírita. Ela vai mais longe. Ela estuda também as consequências morais, pois nelas, sobretudo, é que se encontra a verdadeira utilidade.
>
> Mas alguém pode dizer: vocês têm uma maneira de ver as coisas que não é a nossa. Nós não podemos simpatizar com princípios que não admitimos, pois nada prova que vocês estão certos. A esses respondemos: nada prova que vocês estejam mais certos do que nós, pois vocês ainda duvidam, e a dúvida não é uma doutrina. Podemos diferir de opinião sobre alguns itens da ciência, sem que haja necessidade de atacar e jogar pedras. É mesmo nada digno nem científico este comportamento. Pesquise de seu lado, que pesquisaremos do nosso, o futuro dará razão a quem de direito. Se nos enganarmos, nós não seremos idiotas de, por amor-próprio, persistir nas ideias falsas, mas são princípios sobre os quais estamos certos de não estarmos enganados. É o amor do bem, a abnegação, a abjuração de todo sentimento de desejo e de ciúme. Esses princípios são os nossos e com eles podemos sempre simpatizar sem nos comprometermos. É o laço que pode unir todos os homens de

bem, qualquer que seja a divergência de suas opiniões. O egoísmo só coloca entre eles uma barreira intransponível.

"**Mas que entre vocês se compreendam e se amem**", nos disse São Luís. Trabalhemos, portanto, para compreender. Lutemos com os outros, mas lutemos com a caridade e a abnegação. Que o amor ao próximo esteja inscrito em nossa bandeira e seja nossa regra de ação. Com isso, nós desafiaremos a ironia e **a influência dos maus Espíritos**. Sobre esse terreno, podem nos igualar, e tanto melhor, pois estes serão os irmãos que nos chegarão, mas depende de nós não sermos jamais superados.

Da mesma *Revista espírita*, página 199:

O Espiritismo é, sem dúvida, uma ciência de observação, mas é ainda uma ciência de raciocínio. O raciocínio é o único meio de fazer avançar e vencer certas resistências. Tal fato é contestado unicamente porque não é compreendido. **A explicação retira qualquer característica de maravilhoso** e coloca as revelações espíritas nas leis gerais da natureza. **Eis porque vemos, todos os dias, pessoas que nada viram e que creem, enquanto que outras viram e não creem, pois não compreendem.** Colocando o Espiritismo na estrada da razão, nós o tornamos aceitável para aqueles que procuram o porquê e o como de cada coisa. O número dessas pessoas é grande, pois a crença cega não está mais nos nossos costumes. Nada tendo feito além de indicar a rota, nós tenhamos a consciência de haver contribuído para o progresso desta ciência nova, objeto de nossos estudos constantes."

Da *Revista espírita* de 1866, p. 108:[57]

Se a doutrina espírita fosse uma simples teoria nascida de um cérebro humano, ela só teria o valor de uma opinião pessoal. Saída da universalidade dos ensinamentos dos Espíritos, ela tem o valor de uma obra coletiva, e, por isso mesmo, ela se propagou por toda a terra, cada um recebendo, por si mesmo e por suas relações íntimas, as instruções idênticas e a prova da realidade das manifestações.

---

[57] Página 117 da edição EDICEL.

COMENTÁRIOS FINAIS

Natureza dos resultados
obtidos sob as condições
prescritas neste livro.

Está bem caracterizado que este trabalho constitui o resultado dos nossos estudos e pesquisas constantes da programação do CIPES. Trata-se de uma publicação, como se fossem os "Anais do CIPES", dando conta do que se fez, tornando públicas as ideias nascidas do estudo sistemático, minucioso e consciente de quem investiga para adquirir maior competência em suas ações.

É preciso especificar bem, com exemplos palpáveis, o que se conseguiu produzir sob as condições de pesquisa propostas pelo CIPES e, mais importante, sob a orientação básica das conclusões de Allan Kardec. Como já ficou demonstrado nas publicações anteriores sob nossa responsabilidade, houve a continuidade e desenvolvimento de alguns temas propostos na Codificação Espírita, como, por exemplo, um estudo pormenorizado das doenças mentais, acrescentando-se a essa afecção humana a **obsessão por espíritos**, como publicado na obra *Laudos espíritas da loucura*.

Começando por um comentário sobre a obra citada acima, verificou-se que o espiritismo oferece uma contribuição inestimável ao estudo e à terapia dos desequilíbrios psíquicos e comportamentais; até mesmo formas extremas de loucura podem ser atenuadas, mediante um tratamento espiritual adequado, conjugado com a ação médica. Foi possível investigar as causas anteriores e atuais dos estados depressivos da mente, psicoses (principalmente o transtorno afetivo do humor bipolar) e diferentes estados esquizofrênicos, além das obsessões moderadas e severas. Esse trabalho sobre as afecções da mente foi resultado da atividade específica de nove médiuns, com a utilização da técnica da "varredura medianímica", conseguindo-se um mergulho no mais profundo do psiquismo humano, muito além do aceito pela ciência oficial, constituindo um trabalho precursor da psiquiatria do futuro, quando a mente não for mais considerada um complexo apenas físico.

A terapia proposta apresentou resultados satisfatórios, constituindo-se em uma rica contribuição científica na observação e no tratamento espírita das doenças mentais. Os resultados revigoraram, mais uma vez, a certeza de que, além do corpo físico e do chamado inconsciente, encontra-se o espírito, ao qual dever ser dirigido o tratamento.[58]

As atividades de ensino e pesquisa do CIPES possibilitaram interessante publicação didática sobre técnicas, exercícios e novos conceitos sobre a fenomenologia básica da medianimidade: *Transe e mediunidade*, uma publicação que fornece indispensável material para compreensão mais profunda das bases psíquicas da mediunidade, dos seus mecanismos e de sua aplicabilidade. Nela, foi adotada uma postura inovadora, abordar os principais aspectos relacionados com a prática da mediunidade, ressalvando sempre a primazia do espírito, alertando para a necessidade de se valorizar mais as percepções da alma do que a mediunidade propriamente dita, ou seja, o homem controlando o fenômeno mediúnico e dele se servindo para a prática do bem, em vez de ser arrastado por ele, como barco sem rumo.

Com base nas diversas conferências e cursos ministrados sob os auspícios do Cipes e em diversas instituições espíritas em algumas capitais e cidades brasileiras, foi possível arrumar didaticamente a matéria desse trabalho sobre *Transe e mediunidade*. Demonstra-se nele a necessidade de se empreender uma nova leitura do espiritismo, a fim de que o aspecto

58 PALHANO JR., Lamartine; OLIVEIRA, Júlia Anália de Souza - "Laudos Espíritas da Loucura". Niterói: Lachâtre, 1997.

religioso, embutido na doutrina, tenha como referencial a ciência e a filosofia. Apoiado nessa dupla base de observação e entendimento, aquele trabalho mostra um avanço em muitas questões da prática doutrinária e medianímica. Propõe que se valorize mais as forças anímicas do que os canais (psicografia, psicofonia, vidência, etc.) da mediunidade propriamente dita. A principal proposta é que, justamente, a **percepção psíquica** seja valorizada e a escolha do canal mediúnico seja usada com mais consciência. Para isso, estão ali relacionados os diversos exercícios capazes de serem reproduzidos particularmente ou por um pequeno grupo de médiuns, com grande possibilidade de êxito.[59]

O grupo de pesquisa do CIPES, em outra oportunidade, baseado numa técnica que desenvolveu o **transe canalizado**, publicou seus resultados referentes a deslocamentos psíquicos para o passado, à distância, e para o futuro, em impressionante demonstração da expansividade da mente humana, quando a alma está emancipada parcialmente (transe) do corpo e sob controle científico do investigador. Esses resultados foram publicados no livro *Viagens psíquicas no tempo* e mostram alguns avanços no entendimento da viagem que o espírito faz quando se desloca fora do tempo e do espaço, realizando a leitura do pensamento de Deus.

Sem utilizar hipnose, o transe anímico é dirigido (canalizado) sob o comando do investigador. Vários médiuns, mas principalmente um em particular, sob observação de experimentados videntes, canalizaram suas mentes para o passado (o que já se leu do livro divino) em **regressão anímica**, e para o futuro (o que ainda não se leu da mente divina) em **progressão anímica**. Foi possível mostrar que o tempo é uma energia que permite a duração e a sucessão dos eventos, e que o espírito, à medida que avança na roda das reencarnações, expande sua consciência até que consegue a compreensão da ideia de Deus,

[59] PALHANO JR., Lamartine - Transe e Mediunidade - Niterói: Lachâtre, 1998.

quando se identifica com Ele. Portanto, concluímos que o Universo Material é o grande recurso didático de Deus para o espírito aprender e ganhar competência para conviver com Ele. Foram estudadas, de modo concomitante, as causas cármicas do sofrimento humano.[60]

Perseguindo o roteiro de Allan Kardec, conforme *O livro dos médiuns*: guia dos médiuns e dos evocadores, foram realizadas evocações sob rigoroso controle de identificação, como proposto no livro *Evocando os espíritos*. Pelo menos 80 (oitenta) casos de evocações foram cuidadosamente estudados, mostrando certeiras as indicações de Kardec e avançando em alguns pontos, com a utilização de três técnicas de evocação:

1 – O nome do falecido era colocado perante seis médiuns para varredura medianímica;

2 – O nome dele era citado para a varredura anímica diante de todos os médiuns;

3 – Era proferida uma prece pelo falecido.

A leitura dos resultados possibilitava a elaboração de um laudo que, juntamente com as mensagens obtidas, eram encaminhadas aos parentes, sendo observadas particularidades apenas conhecidas deles, bem como a empatia estabelecida na ocasião em que recebiam o laudo, levando-se em conta, além do bom senso, a lógica e a razão, também os sentimentos relacionados às vibrações psicométricas proporcionadas pelas mensagens.[61]

Outro interessante trabalho foi a verificação da energia movimentada na prece, conseguindo-se alcançar padrões de prece suficientemente bons para os efeitos desejados nelas. A prece, tanto particular quanto coletiva, realizada com a mente em quietude, alcança medida ideal de emissão, avaliada pela percepção anímica, propondo-se, assim, novas atitudes mentais

[60] PALHANO JR., Lamartine - *Viagens Psíquicas no Tempo*: Niterói, 1998.
[61] PALHANO JR., Lamartine - *Evocando os Espíritos*.

para o momento da prece, tanto para emiti-la, quanto para perceber-lhe os efeitos; nunca deixando que ela escape para a inconsciência da incerteza se foi eficaz ou não. Nesse caso, muitas preces foram realizadas, de modo dirigido, em conjunto com os médiuns treinados na observação anímica (varredura anímica). A cada item da prece, os médiuns eram sabatinados para que descrevessem suas percepções. Os resultados foram favoráveis a que se chegasse a uma proposta ótima para o momento da sua emissão.[62]

Sem querer retomar o problema dos enfermos atendidos, das questões humanas resolvidas, é imprescindível dar ênfase ao acompanhamento dos médiuns, valorizando cada aprimoramento alcançado, possibilitando abrir um leque de realizações em outros campos da pesquisa psíquica, ou melhor, espírita.

Durante os experimentos, fenômenos já conhecidos foram valorizados e provas foram registradas. Por exemplo, o fenômeno de *criptestesia*, anotado pelos metapsiquistas, foi observado, reavaliado e valorizado como sendo importante percepção anímica que ocorre com quase todos os médiuns, bastando, para isso, que se observe e solicite do médium que faça um relato de suas impressões durante um evento psíquico. O médium diz que não viu nada, mas sabe que isso ou aquilo aconteceu e cita causas e efeitos possíveis de serem confirmados. O fenômeno da vidência sofreu interpretação de um nome novo, **psicoscopia** (visão psíquica), justamente para que pudesse ser desdobrado em particularidades diversas, segundo a variedade apresentada em um só, com em diversos médiuns.

Assim, a psicoscopia, pode ser dividida em: **introscopia** (ver para dentro de si mesmo); **autoscopia** (ver seus próprios órgãos internos); **endoscopia psíquica** (ver os órgãos internos de outrem); **psicometria** (ver ações psíquicas relacionadas a objetos, pessoas ou ambiente); **yelemetria** (ver à distância) e outros fenômenos correlatos. Uma variedade desse fenômeno observada foi a **imisção psíquica**, quando o psiquismo do médium mistu-

[62] PALHANO JR., Lamartine - *O Livro da Prece.*

ra-se com o de outrem ou com as coisas ou corpos vasculhados por ele. De modo que esses estudos, em suas particularidades, diferenciando, por exemplo, psicofonia de psicopraxia (incorporação), deu ensejo a interessante publicação que já está no domínio público.[63] Uma proposta para melhor definição dos fatos espíritas, valorizando ao máximo o aspecto científico da Doutrina, uma vez que há necessidade de termos bem definidos para o entendimento de um conhecimento novo, principalmente o conhecimento espírita que tem, como consequência, dois importantes aspectos: moral e religioso.

Os nossos investigadores ainda investiram na pesquisa histórica sobre o espiritismo, tendo seus resultados publicados em diversos livros já editados: *A verdade de Nostradamus; Mirabelli: um médium extraordinário; Eusápia, a "feiticeira"; Experimentações mediúnicas; Rosma, o fantasma de Hydesville; Dossiê Jeronymo Ribeiro; Dossiê Fenelon Barbosa; Dossiê Peixotinho; Dimensões da Mediunidade; Diário de um espírita.*

Quanto à mediunidade literária, foram publicados os livros *Maria de Nazareth na voz dos poetas* e *A imortalidade dos poetas 'mortos'*.

O Cipes, atualmente, mantém essas e outras obras sob a responsabilidade de seus pesquisadores, escritores e diretores, embora muitos desses livros tenham seus direitos autorais doados a outras instituições espíritas. Trabalhos sobre teologia espírita: *A carta de Tiago; Aos efésios, a carta de Paulo aos santos e fiéis em Cristo,* já publicados e no prelo: *Aos Gálatas, a carta da redenção.* Em andamento: *Teologia Espírita; Temas da Teologia Cristã à Luz do Espiritismo; Instruções Cristãs* e outros.

Qual a lição que conseguimos tirar de todo esse trabalho árduo de investigação na ciência e na filosofia espíritas, senão a de que precisamos formar gente com capacidade de análise para aproveitar melhor toda a fenomenologia psíquica, adequá-la à teoria espírita, observar novos fenômenos, conseguir resulta-

[63] PALHANO JR., Lamartine - *Dicionário de Filosofia Espírita* - Rio de Janeiro - CELD. 1997.

dos renovadores das ideias sobre Deus, sobre a espiritualidade, sobre o nosso próprio espírito, além de ganhar competência na utilização das forças medianímicas? Não podemos viver baseados apenas nas pesquisas do passado, novas informações se multiplicam a olhos vistos e temos condições de acompanhar. A pesquisa espírita tem que se adaptar aos tempos novos, pois há um universo inteiro ainda a ser pesquisado, estamos apenas no começo das grandes descobertas do mundo psíquico.

Para tal desiderato, é preciso que o espírita se prepare devidamente, acercando-se de todos os recursos da metodologia da pesquisa, métodos e técnicas adequados, controles convincentes dos experimentos, pois já começamos a ver nos programas televisivos os pseudoparapsicólogos e religiosos materialistas falarem o que querem sem que ninguém consiga desmenti-los cientificamente. Publicações apócrifas e esquisitas sob o nome de "espíritas" estão invadindo as bancas de revistas e livrarias. Muitos dos nossos têm sido engodados por falta de argumento preciso e eficiente. É hora de sairmos do religiosismo e entrarmos na era intelecto-moral, escudados na Religião da Verdade.

Esta contribuição do CIPES ao Movimento Espírita é fruto de perseverança no trabalho realizado com método, anotações protocolares, mapeamento dos eventos e comparações doutrinárias, na tentativa de unir a **teoria** e a **prática** espíritas, na coerência com que elas merecem ser efetuadas.

REFERÊNCIAS

KARDEC, Allan. *O livro dos espíritos* (1857). Tradução de Salvador Gentile. 96. ed. Araras: IDE, 1995.

__________. *O livro dos médiuns* (1861). Tradução de Guillon Ribeiro. 34. ed. Rio de Janeiro: FEB, 1976.

__________. *O Evangelho segundo o espiritismo* (1864). Tradução de Salvador Gentile. 117. ed. Araras: IDE, 1990.

__________. *A gênese, os milagres e as predições segundo o espiritismo* (1868). Tradução de Guillon Ribeiro. 27. ed. Rio de Janeiro: FEB, 1984.

__________. *Obras póstumas.* (1890). Tradução de Guillon Ribeiro. 16. ed. Rio de Janeiro: FEB, 1977.

__________. *Organization e orientation du spiritisme.* Separata da *Revista Espírita* (Dez. 1861), publicada pela "Union Spirite Kardéciste", 1962

__________. *Definições espíritas* (Título original: *Vocabulaire spirite*, in: *Le livre des médiuns.* 1ère edition, Paris: 1861). Apresentação e Notas de L. Palhano Jr. Niterói: Publicações Lachâtre, 1997.

__________. *Revista espírita*: Jornal de Estudos Psicológicos (Coleção traduzida por Júlio Abreu Filho) 1858 – 1869. Sobradinho: EDICEL.

__________. *Revue spirite*: Journal d'Études Psychologiques. Publié sous la direction de M. Allan Kardec (Trechos traduzidos por Luana Poltroniéri de Souza) 1858–1869.

PALHANO JR., Lamartine. *Dicionário de filosofia espírita.* Rio de Janeiro: CELD, 1997.

__________. *Transe e mediunidade.* Niterói: Lachâtre, 1998.

__________. *Viagens psíquicas no tempo.* Niterói: Lachâtre, 1998.

__________; OLIVEIRA, Júlia A. de Souza. *Laudos espíritas da loucura.* Niterói: Lachâtre, 1997

__________; SOUZA, Dalva Silva. *Espiritismo: religião natural.* Vitória: FESPE, 1992.

Lamartine Palhano Jr.
(15.12.1946 – 14.11.2000)

Lamartine Palhano Júnior foi um dos mais brilhantes pesquisadores do espiritismo no Brasil. Natural de Coronel Fabriciano, MG, ainda criança mudou-se para a cidade de Vitória, ES. Adotou o espiritismo, na juventude, a partir de uma decisão consciente, nascida da reflexão e da convicção pessoal. Graduou-se em farmácia, realizou seu mestrado na área de bacteriologia e doutorou-se em ciências, pela Universidade Federal do Rio de Janeiro desenvolvendo intensa atividade acadêmica. Como cientista, realizou pesquisas em diferentes áreas, onde pomos destacar os seus estudos sobre a tuberculose para cujo diagnóstico desenvolveu diversas técnicas. Fruto dessas pesquisas, publicou inúmeros artigos em revistas científicas internacionais e apresentou-se em alguns congressos internacionais. Lecionou microbiologia na Universidade do Estado do Espírito Santo e patologia na Universidade Federal do Espírito Santo.

Do movimento espírita, Palhano foi ativo participante, sendo inúmeras as instituições em que atuou, não apenas em Vitória, mas também em Niterói, cidade em que residiu durante seus cursos de mestrado e doutorado. Palhano deu inestimável contribuição em diversas áreas: pesquisa científica de cunho espírita, publicação de livros, apresentação em palestras, cursos e treinamentos que realizava com grande frequência. Como pesquisador, fundou e dirigiu a Fespe (Fundação Espírito-Santense de Pesquisa Espírita) e o Cipes (Círculo de Pesquisa Espírita de Vitória), instituições que se tornaram marco da pesquisa espírita no Brasil. É conhecida e aplicada por diversos grupos mediúnicos a técnica por ele desenvolvida que denominou "varredura psíquica".

É notável a versatilidade da sua produção editorial espírita. Escreveu inúmeros livros infantis, outros na área da teologia espírita, diversas biografias de vultos espíritas (Palhano dava extrema importância à preservação da memória espírita, tendo inclusive apoiado e incentivado o trabalho de diversos pesquisadores nessa área) e mesmo a literatura foi brindada com um excelente romance sobre José de Anchieta, que nos surpreendeu por suas excelentes qualidades literárias, bem como com a obra *Almas em transe*. Publicou alguns ensaios de cunho doutrinário e obras que se destinavam à divulgação do espiritismo junto ao público em geral. Sua grande contribuição foi na área da pesquisa mediúnica, cujas obras são fruto das pesquisas realizadas inicialmente na Federação Espírita do Espírito Santo, onde foi Diretor de Doutrina, posteriormente na Casa Espírita Cristã, em Vila Velha, e finalmente na Fespe e no Cipes. Há ainda algumas obras inéditas que já haviam sido concluídas por ocasião da sua desencarnação.

Não podemos esquecer outros aspectos da personalidade de Palhano: a afabilidade, o bom humor, o carinho e a disponibilidade para atender os que o buscavam, muitas vezes em detrimento da sua tranquilidade pessoal e familiar, sempre com uma palavra de apoio, um conselho ou um esclarecimento. Esperamos que esse caro companheiro receba nossos pensamentos de gratidão e carinho nos novos planos em que se encontra.

Obras Publicadas de L. Palhano Jr.

Infanto-juvenis:

A estrela de Belém
Jesus aos 12 anos
João Batista, o profeta do Cristo
O pastorzinho de Belém
O pequeno espírita
O reino dos céus para os humildes
Rosma, o fantasma de Hydesville
Sonhos de Aurélio
Uma páscoa diferente
O velho Simeão

Teologia espírita:

A carta de Tiago
Aos efésios

Aos gálatas
Temas da teologia espírita

Biografias:
Dimensões da mediunidade
Dossiê Fénelon Barbosa
Dossiê Jerônimo Ribeiro
Dossiê Peixotinho
Eusápia, a feiticeira
Experimentações mediúnicas
Mirabeli, um médium extraordinária

Autobiográfico:
Diário de um espírita

Romances:
Almas em transe
As chaves do reino: seguindo os passes de Anchieta

Ensaios:
Espiritismo, religião natural
A imortalidade dos poetas mortos
A mediunidade no centro espírita
A verdade de Nostradamus

Pesquisa científica espírita:
Evocando os espíritos
Laudos espíritas da loucura
Magnetismo curador
Reuniões mediúnicas
Transe e mediunidade
Viagens psíquicas no tempo

Dicionário:
Dicionário de filosofia espírita
Léxico kardequiano

Tradução:
Definições espíritas

Série *Transe e Mediunidade*

Obsessão – assédio por espíritos

A obsessão é um dos mais graves problemas que assolam a humanidade, nos dias de hoje. A partir da vinculação que conseguem estabelecer com os homens, espíritos atrasados detém a capacidade de influenciar a humanidade das mais diversas formas para que os homens sofram ou façam outros sofrerem. Esse fenômeno, muito estudado e combatido pelo espiritismo, encontra nesta obra um dos mais profundos estudos, detalhando suas causas, a forma de atuação das entidades infelizes e fornecendo os elementos para que o problema seja definitivamente solucionado.

Passe

– Magnetismo Curador –

A cura através da imposição das mãos é tão antiga quanto a humanidade. Com a descoberta do magnetismo animal, por Mesmer, sob onome de passe magnético, a utilização das mãos no processo de cura passou a ter fundamentação científica. Como magnetizador, Allan Kardec também adotou opasse dentre as práticas espíritas.

Esta obra é um minucioso estudo do passe magnético e de sua utilização nas casas espíritas.

O Significado Oculto dos Sonhos

Com todo o avanço que a ciência contemporânea conquistou, uma pergunta tão simples que nos fazemos diariamente nunca teve resposta satisfatória: – O que significa o sonho que tive esta noite?

De posse de uma chave nunca antes utilizada pelos estudiosos do assunto, por puro e anticientífico preconceito, o conhecimento da dimensão espiritual do ser humano, o pesquisador L. Palhano Jr. consegue desvendar *O Significado Oculto dos Sonhos*.

Transe e Mediunidade

Uma das mais importantes obras de L. Palhano Jr., o autor apresenta sua proposta de estruturação do trabalho mediúnico, com maior interação entre os planos espiritual e material e melhor compreensão dos fenômenos ocorridos.

Fruto de anos de pesquisa, o livro fornece indispensável material para compreensão mais profunda das bases psíquicas da mediunidade, de seus mecanismos e de sua aplicabilidade.

O Livro da Prece

O livro da prece é o relato das experiências realizadas nos laboratórios do CIPES (Círculo de Pesquisa Espírita), tendo por objetivo explicar e comprovar a ação da prece. A partir dos estudos de Allan Kardec sobre o assunto, o autor revisa literatura especializada e descreve as experiências realizadas. A conclusão do trabalho não apenas reafirma a eficácia da prece, mas apresenta-nos condições para torná-la mais eficaz.

Esta edição foi impressa em fevereiro de 2020, sendo tiradas duas mil cópias, todas em formato fechado 140x210mm e com mancha de 110x171mm. Os papéis utilizados foram o Chamois Fine Dunas 70g/m² para o miolo e o Cartão Supremo Alta Alvura 300g/m² para a capa. O texto foi composto em Berkeley LT 12/14,4, os títulos foram compostos em Baskerville 21/25,82 e as citações e as notas em 10/11. A programação visual da capa foi elaborada por Andrei Polessi.

O Livro da Prece

O livro da prece é o relato das experiências realizadas nos laboratórios do CIPES (Círculo de Pesquisa Espírita), tendo por objetivo explicar e comprovar a ação da prece. A partir dos estudos de Allan Kardec sobre o assunto, o autor revisa literatura especializada e descreve as experiências realizadas. A conclusão do trabalho não apenas reafirma a eficácia da prece, mas apresenta-nos condições para torná-la mais eficaz.

Esta edição foi impressa em fevereiro de 2020, sendo tiradas duas mil cópias, todas em formato fechado 140x210mm e com mancha de 110x171mm. Os papéis utilizados foram o Chamois Fine Dunas 70g/m² para o miolo e o Cartão Supremo Alta Alvura 300g/m² para a capa. O texto foi composto em Berkeley LT 12/14,4, os títulos foram compostos em Baskerville 21/25,82 e as citações e as notas em 10/11. A programação visual da capa foi elaborada por Andrei Polessi.